できるマネジャーは人事制度を使いこなす

管理職のための人事制度活用術

人事制度は邪魔だと思っている管理職へ

(株)日本経営システム研究所 取締役 塗茂克也［著］
Katsuya Nushimo

人事部が現場
マネジャーに
人事制度を分かって
もらうための
推薦書！

経営書院

はじめに

人事制度は何のためにあるのか？

人事制度とは現場の動きを変えるための「道具」です。その道具作りは人事部が中心となって行うことが多いでしょうが、使うのは現場のマネジャーのはずです。

世の中には、人事制度設計に関する解説書が多数出版されています。また、現場マネジャー向けの自己啓発書は、常に新しいものが書店を賑わせています。しかしながら、現場マネジャーが人事制度を使いこなすコツを書いたものはほとんど見かけません。

人事制度を使いこなすコツは二つです。

会社が何をチェンジしなければならないかを理解しろ！

並みの社員を活性化させろ！

どんな道具もそうですが、使いこなすためには表面的なことだけを知っていても十分ではありません。人事制度の説明会や評価者研修を行うだけでは有効な使い方は伝わらないのです。本書は大工がのみやかんなを操るコツを語るように、人事部が現場マネジャーに人事制度の要諦を分かってもらうための推薦書です。

何をチェンジしなければならないかを理解しろ！

人事制度が現場の動きを変えるための「道具」であるならば、どこをどのようにチェンジしなければならないかを理解する必要があります。その方向に動いた者を評価することが、組織を活性化する上で重要だからです。

未曾有の不況下で、新たな方向性に踏み出そうとしている企業は多くても、なかなか動き出さない現状を目の当たりにします。その大きな要因の一つに、新しい動きに向けてチャレンジした人物が評価されていないということがあります。

並みの社員を活性化させろ！

これまで、人事制度で報われてきたのは「できる社員」です。その理由は、昇進・昇格や給与・賞与といったインセンティブには限りがあるからです。２：６：２の法則を当てはめると、６割は「並みの社員」で、人事制度には関心すらないことが多いでしょう。

２割の社員が会社を引っ張っていき、残りはぶら下っているだけで何とかなるような時代ではありません。６割の社員が少しでも頑張れば、数が多いだけに企業業績へのインパクトも大きいのです。

「部下を活性化させ、業績を上げる」人事制度の使い方をじっくり考察していきましょう！

目　次

第１章

人事制度を使う前にマネジャーが理解しておくべきこと

(1)　人事制度とは現場の動きを変える「道具」である

そもそも、人事制度とは何のためにあるのか？　私は人事・組織戦略に特化したコンサルタントとして日々奮闘しております。直接携わったプロジェクトや他のメンバーに協力したものなど、これまで100社以上の企業の経営課題の解決を支援してきました。私がやっていることは人事制度の作成ではなく、経営課題の解決です。

この話を聞いて「人事って給与の計算や勤務時間管理、福利厚生施設の手配をやる部署でしょ？　経営課題の解決なんて大げさだよ」と思われた方も多いことでしょう。

本書は、現場の管理職（マネジャー）が人事制度をどう使いこなしたらよいかをテーマにしています。どんな道具もそうですが、使いこなすためには表面的なことだけを知っていても十分ではありません。人事制度の説明会や評価者研修を行うだけではダメなのです。本書は大工がのみやかんなを操るコツを語るように、人事部が現場マネジャーに人事制度の要諦を分かってもらうための推薦書です。管理職の方に「人事制度というのはこういう考え方で運用するのか、そうであれば、もっと自分たちの仕事を理解してもらうために人事部と話し合わなければ！」と、どんどん人事を巻き込むキッカケにしてほしいと思います。現場最前線で部下のマネジメントに悪戦苦闘しているマネジャーにこそ、読んでいただきたいと願っています。本書を読み終えた後は、人事制度をマネジメントに活用できる知恵がわいてくるはずです。

さて、もう少し私の仕事内容と照らし合わせながら人事を考えてみたいと思います。クライアントは業界・業種を問わず、大手企業から中小企業までさまざまです。経営課題と言っても「収益性を上げる・生産性を改善する」といった、どこの企業でも当てはまるようなことを理解していても役に立ちません。あるサービス業の収益性を上げるには、単価アップや原価を削減することだけではなく、パート・アルバイトの「接客力向上」によって、リピート客を増やすことがカギかもしれません。まずやらなければならないことは、パート・アルバイトの接客の「よくできた姿」を探り、現状とのギャップを埋める教育をし、実現できた者への処遇を改善するといったことになるでしょう。もちろん、接客のよくできた姿も「売り場ごと」、「客層ごと」、「時間帯ごと」で違うはずです。

ところが、こういった経営課題を浮き彫りにせずして、単なる制度として「等級・評価・報酬」というものが存在し、社員を扱う流れとして「採用・教育・配置・退職」ということが行われている現状を目の当たりにします。本書は人事制度の解説書ではないので、おのおのの詳細は省略します。ここで読者の方に考えてもらいたいのは、これらの人事制度とは何のために実施されているのかという点です。前述のように経営課題の解決のためにあるのですが、もう少し掘り下げて診るということです。先ほどの売り場ごと・客層ごと・時間帯ごとのパート・アルバイトの接客がカギといったようなことは、KFS（主要な成功要因）として、経営戦略やマーケティングの領域ではよく語られていることです。ところが、人事の世界ではあまり問題にされていないことが多いようです。

KFS考察のためには**「経営のしくみ」**を俯瞰で眺めてみることが有効です。次図のように**「経営のしくみ」**をシンプルにまとめてみました（**図1参照**）。「人事制度とは何のためにあるのか」ということを理解するうえで自社に置き換えて考えてみてください。

企業には「ミッションやビジョン」といった「こうなりたい」というものがあります（図1①）。また、企業が存続していくということは「お客様やライバル企業」の存在を無視しては語ることができません（図1②）そして、これぐらい

図１　経営のしくみ

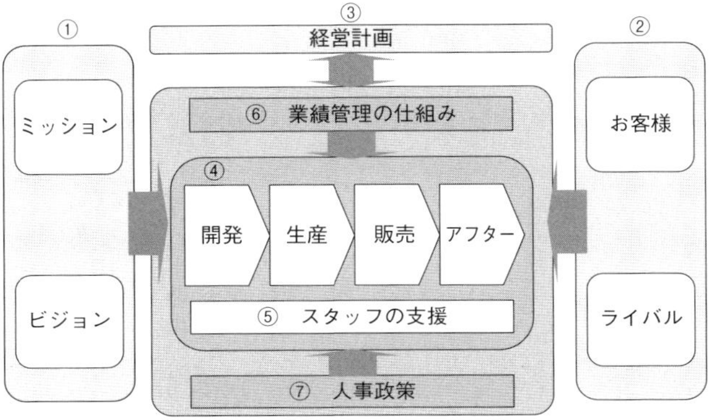

の利益が必要であるとか、どういった財務体質に転換していこうという経営計画があります（図１③）。この３つの要素が企業の活動に多大な影響をもたらします（あまり、３要素を意識していない経営も見受けられますが……）。

そして、この３要素を踏まえたうえで「開発→生産→販売→アフター」といった現場が動きます（図１④）。それをスタッフ（例えば、人事・総務・経理）が支援している（図１⑤）というのが現場の活動です。

その現場の活動は、勝手にやってうまくいくかというと必ずしもそうではありません。売上げ予算、営業利益率など業績管理でさまざまなセンサーを働かせることでチェックして、軌道修正を行うことが必要です（図１⑥）。

また、すべては人がすることなので、人事政策を駆使してモチベーションを向上させ、貢献したものには、昇進・昇格・報酬といった形で報いることが不可欠です（図１⑦）。

図１が表しているように、⑥「**業績管理**」と⑦「**人事政策**」は企業活動を支える両輪であり、その企業活動をある方向性に導いていくドライバーなのです。

日本経済が順調な時は、この両輪を意識しなくても業績は向上し、企業は成長し続けることが可能だったでしょう。企業単位で見ても、創業者の卓越したアイデアでどんどん成長しているライフサイクル時においては、意識されることが少ない領域だと思われます。

しかしながら、現在は未曾有の不況に突入し、これまでの固定観念を根底から変えなければ乗り切れない状況です。こういう時こそ**チェンジ**！が必要で、人と組織をその方向に動かす最大の道具が「**人事政策と業績管理**」なのです。現場のマネジメントを担うものが深く関与しなければよい道具にはなりませんし、使い方を誤っては高い効果は得られません。

第１章では、マネジャーが人事を使うための前提となる基本姿勢について考察します。重要な点は２つです。一つ目は「会社が何をチェンジしなければならないかを理解しろ！」ということです。二つ目は「現場の支援者として並みの社員を活性化させろ！」ということです。

⑵　チェンジを理解する具体例

何を変えなければならないのかを理解せずして、人事制度は始まりません。先ほどの「経営システムの図」の各項目について事例を元に具体的にチェンジのつかみ方を見ていきましょう。

①チェンジ１：ミッション・ビジョン

深く広くチェンジを理解しなければ人事制度を使いこなすことが出来ないことを分かってもらうため、少し長い事例になっています。先ずは「そんな業界もあるのか」という興味で読み進めてください。現場最前線でどのようなチェンジが行われており、それがどのように人材に影響を与えるのかが理解できると思います。

ここ数年のデジタル化の進展で劇的に立ち位置を変えていかざるをえなかった業界は写真業界です。アナログ次代のフィルムを入れて使うカメラが全盛の頃は、ニコン、キヤノン、ミノルタ、ペンタックス、オリンパス等の老舗メーカーが活躍していました。現在のデジタルカメラ時代になると、パナソニック、ソニー、カシオのように他業界からの参入組みの活躍が目を引きます。カメラレンズという光学技術で勝負する時代から、デジタル記録技術が品質を左右する重要要素となったのです。当然関連する業界も様変わりしました。

フィルムといえば、フジ（緑色のパッケージ）、コニカ（青色のパッケージ）、コダック（黄色のパッケージ）と３強が揃っていました。しかし、デジタル記録はフィルムではできません。本体のハードディスク（HD）や、SDカード、フラッシュメモリー等の記録媒体が必要です。１枚の記録媒体で何百枚も撮影が可能で、パソコンにデータを移してそのデータを消去すれば、繰り返し使うことができます。フィルムは24枚撮りが主流で、現像に出せば新しいものに買い直す必要がありました。しかも、フィルムは現像してみないことには写真を見ることができません。読者の方も経験があると思いますが、せいぜい残しておきたい写真は数枚で、半分以上はどこかに埋もれてしまっているのではないでしょうか。デジタルカメラであれば、画面で確認して、本当に残したいものだけをプリントすることが可能です。これが業界の大激変なのです。

フィルムは存在価値そのものが問われ、写真店での現像は激減しました。コニカはほぼ写真業界から撤退し、同じようにカメラから撤退したミノルタと合併しました。今では、コニカミノルタという企業名で事務機器のメーカーとして新たなビジョンを掲げています。世界ブランドであった「コダック」も日本市場でのシェアは相当落としていると思われます。業界の雄である富士フイルムも写真関連の事業は大胆なリストラを行い、さまざまな新規事業に取り組んでいます。

この写真業界の大変革は、メーカーだけでなく卸や小売(現像、プリントを主にする写真店含む）への影響も絶大なものでした。卸売業者は、アナログカメラを画像の入り口(何かを写すときはカメラからという意味）として、現像・プリントを出口とする流れで品揃えをしていました。カメラ本体、フイルム、現像用の材料（銀塩処理をする化学品）や印画紙（写真をプリントする紙）を主力商品として、アルバム、三脚等、関連商品を扱っていました。

現在はカメラは写真店ではなく家電店で買うものになり、現像・プリントはプロが行うものから、タッチパネル式で消費者が自分で行うものへと変化しつつあります。

ここからは、「チェンジに対応して現場の動きを変えるというのはどういうことなのか」を写真業界の激変にさらされた、卸売業者（以下仮名、東洋商事）をイメージして、話を進めてみたいと思います。日本企業の大半は中堅・中小企業で、この不況期を脱し、雇用を回復するキーワードもそこにあると思いますので、東洋商事は数百人程度の中堅企業ということにいたしましょう。実在の会社ではありませんが、私の経験と知識を基にかなりリアリティに迫った内容にしています。

東洋商事はアナログカメラ時代には「全国の中小カメラ店のパートナーとして、あらゆる写真関連商品をタイムリーに提供する」というビジョンを持っていました。これからは、デジタル化の進展や新しい消費行動に対応するため、「映像文化の担い手として、いち早く時代の変化を形にする」というビジョンを掲げたことにしましょう！

②チェンジ２：お客様・ライバル企業

先述のように、経営は「お客様やライバル企業の存在を無視して語ることはできません（図１②）。この例では「デジタル化の進展や新しい消費行動への対応」を目指した瞬間にお客様もライバル企業も変わってしまいます。最初のチェンジ！です。お客様は写真店ではなく、家電店が主力になるでしょう。インターネットやTVなどを使った通販会社も視野に入るかもしれません。しかしながら、ライバル企業も多様化してきます。これまでなら、競合卸の営業とは顔見知りで相手の手の内も熟知していました。これからは、よく分からない相手と戦いながら何とか先に進むわけですから、複雑な迷路に入り込んだようなものです。

デジタル映像機器（主に、ビデオカメラ、カメラ、記録媒体、録画・再生機等）だけで考えても家電メーカーの販社から、PC関連メーカーの販社、デジタル関連商材を幅広く扱う商社や文具メーカーなども競争相手となるでしょう。また、店舗や通販会社の他商材とのシェア争奪ということまで考える必要があるかもしれません。例えば、デジタル映像機器が余暇時間を過ごすアイテムだと考えれば、同じインドア世界のゲーム機器はもちろん、自転車・バイク・車まで含んだアウトドアライフも考慮する必要があるかもしれません。

今まで効果のあった武器（価格や販売方法等）だけでは、他企業に勝つことができないということが想像できると思います。

③チェンジ３：経営計画

では、次のチェンジを考えて見ましょう。これぐらいの利益が必要であるとか、どういった財務体質に転換しようかという経営計画も修正が必要です（図１③）。実際、写真というのは万博や東京オリンピック後の高度経済成長期に一気に広がり、ショット数（シャッターを押す回数）がどんどん増えた恵まれた業界でした。先述のようにショット数が増えれば、現像・プリントをしてみないとどのように写っているのか分からないので、フィルムも、現像用の化学品も、プリント用の印画紙もどんどん売れました。もちろんアルバム、三脚、電池などの関連商品もしかりです。現像用の化学品やプリント用の印画紙は半製品で、銀塩処理（初期は暗室で手作業、近年はラボ機という機械で自動処理）をしなければ完成しません。したがって、繊細な品質コントロールが必要で、他業界からの参入が難しく粗利益率が高い商材でした。ですから、東洋商事も商社としては粗利益率が高く、人件費を含む販売管理費をあまり気にすることなく、営業利益が確保されていたのです。

また、当初のビジョン「全国の中小カメラ店のパートナーとして、あらゆる写真関連商品をタイムリーに提供する」が財務体質にも大きく影響していました。あらゆる商品をタイムリーに提供する手っ取り早い方法は何か？　そうです、在庫の種類と量を豊富に持つことです。本当は、販売予測の精度を上げたり、メーカーとの連携を強めて、在庫を増やさずにビジョンを実現することが理想ですが、儲かっているときはなかなか、そこまでは踏み込めないものです。また、小売店からの要請で、ついつい売掛金の回収サイトも長めになっていました。儲かる業界と限られたプレイヤーの中で、ぬるま湯的な経営を行えていたということでしょう。

ところが、「映像文化の担い手として、いち早く時代の変化を形にする」というビジョンを持ち、お客様もライバル企業も違う世界に踏み出した瞬間から、このようなぬるま湯的な経営計画は通用しません。デジタル関連製品の商品ライフサイクル（商品が発売されて、売上げが伸び、その後、失速し、市場から退出するまで）が、ものすごく早くなっていることはお分かりいただけると思います。

デジタルカメラなどは、次々に新商品が市場に投入され、あっという間に価格が下がり、気がつけば売り場から姿を消している状況が続いています。一部の高級機種や・根強い定番品もありますが、常に改善されています。このような状況で東洋商事が高い粗利益率を確保することはできません。ましてや、いつ市場から撤退するか分からないような在庫を大

図２　付加価値の考え方

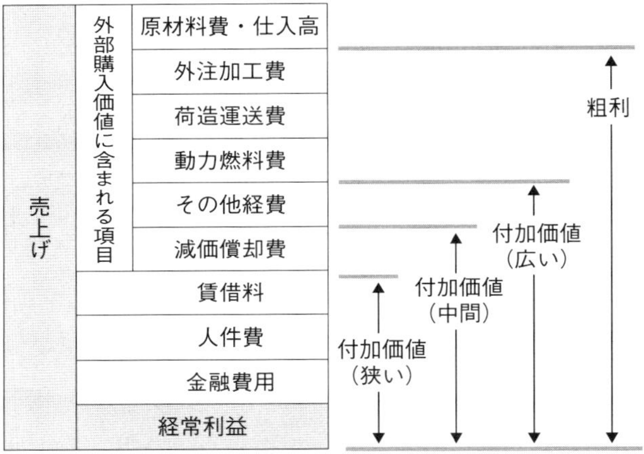

量に持つことなど、自殺行為です。ですから、経営計画を拡大膨張路線からコストダウンを伴う筋肉体質型に変えていかなければ生き残れないのです。このように、お客様とライバル企業が変われば、ぐっと利益率が変わってきますね。

これまで、粗利益率の話をしましたが、もう少し深く考えると付加価値率が変わってくるのです。付加価値とは、売上げから外部購入価値を引いたもので、**図２**のようにいくつかの概念がありますが、現場従業員が頑張れば高められるものと考えるのがよいでしょう。

これは収益性を表す大切な指標ですが、意外に重視していない企業があります。もちろん最終的には本業の儲けを表す営業利益が企業の収益性を表すものですが、お客様とライバル企業に注目すれば、この指標が大切になってくるのです。東洋商事の例でいえば、今度のお客様はものすごい多頻度小口配送を求めています。なぜなら、デジタル画像関連商品を扱う小売も必要以上の在庫を持つことは回避しようとしますが、消費者の要望に応えられなければ他店で購入されてしまうからです。東洋商事のライバル企業でPC関連商品を主に扱う商社は、お客様の近くにデリバリーセンターを構え、いつでも注文がきた分だけ納品しているとしましょう。

東洋商事は今までのような粗利率（売上－原価）が維持できないばかりか、物流費が相当かさむでしょう。もっと販売数量を増やさなければ、同じ営業利益を確保することはできません。もちろん、物流施設を造って、ライバル企業に負けないデリバリー体制を構築することも可能ですが、これには大きな初期投資を必要とします。

また、ライバル企業は販促にも力を入れています。メーカーがCMを打つ時には連動して、店頭で大々的なキャンペーンを行い、購入者にはグッズプレゼントなどを行うことを小売店に提案しています。費用は小売店と折半です。これまでは、販売促進費など、ほとんどかけたことのなかった東洋商事も負けてはいられません。違った形の販促を考えて早めに提案しなければなりません。

このように、粗利率確保とともに物流費・販促費の効率的な使い方に社員が知恵を絞ることが必要になってくるので

図３　営業利益の稼ぎ方

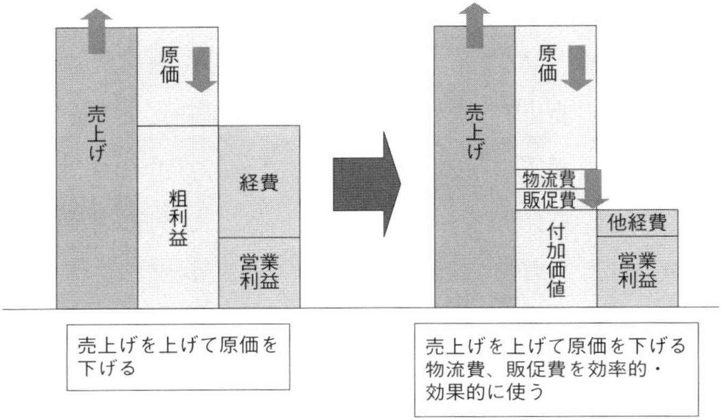

す。ですから東洋商事の付加価値（社員の知恵と工夫で稼ぎ出したもの）は、売上－仕入原価－物流費－販促費で表すことが適切です。その付加価値から他の経費を差し引けば営業利益になります。同じ営業利益を確保する場合の考え方の違いを図で表すと**図３**のようになるでしょう。

また、財務体質も変えなければいけません。在庫を極力少なくしなければならないことは先述のとおりです。また、お客様やライバル企業が変わったので、よいこともありました。写真業界は長いサイトの手形での決済が主流でしたが、今度のお客様は価格や納期に対する要求は厳しくとも、支払いは早く、末締め翌月末払いが基本です。在庫を減らし、売掛金も速く回収することができそうなので、少し借入金を減らして健全な財務体質に転換しようということになりまし

図４　経営体質の転換

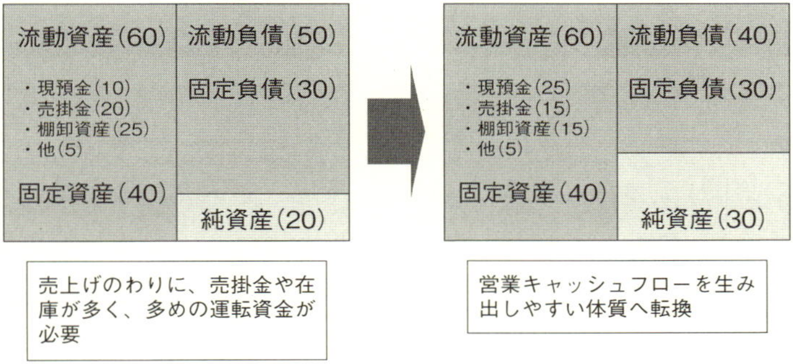

た。総資産を同じ100として、その構成は**図４**のように変えていきたいところです。

このように、お客様やライバル企業が変われば、経営計画の額はもちろん、全体となる考え方は、ガラッと変わってくるのです。

これまでの３要素（①経営ビジョン、②お客様やライバル企業、③経営計画）が、企業の活動に多大な影響をもたらすのです。それらを踏まえて、新たな戦いに対応することが現場の活動です。

④チェンジ４：現場の活動

この３要素を踏まえたうえで、「開発→生産→販売→アフター」といった現場が動きますから、現場の仕事のやり方も相当変わることでしょう（図１④）。東洋商事は商社ですから開発活動は仕入活動に、生産活動は在庫・物流活動に置き換えて考えて見ます。

まず、仕入活動は仕入先が大きく変わります。これまでは同じ写真業界でのあうんの呼吸があったはずですが、今度新たに取り引きが始まった家電メーカーには、そのようなことは通用しません。特に返品に関してはシビアな対応を求められるようになりました。また、業界特有のリベート（仕入量に応じて、後で補填がなされる）も期待できません。家電メーカーが扱うロットは大きく、とてもリベートを獲得するような量を仕入れるのは危険そうです。また、売れ筋商品は極端に品薄になるので、売れ行きを見てから追加発注をかけようにも、後手に回り商品確保ができないかもしれません。そこで、精度の高い販売予測に基づく、計画的な発注が必要になったのです。これは、仕入活動における大きなチェンジです。

次に在庫・物流活動です。これまでは、カメラを除けばフィルム・印画紙・アルバムなど、比較的単価の低い換金性の少ないものが主体でした。ところが、デジタルカメラや記録媒体等は、小さいわりに単価が高く、換金性もよいため、しっかりした管理が求められます。

また、ピッキング（倉庫の中から、出荷に必要なものを取り出し、梱包するまでの作業）においても、大きな変化があります。デジタルカメラ、ビデオカメラ、記録媒体、最近流行のデジタルフォトフレームなど、映像文化の昨今の担い手は精密機器が主流です。おのおのがしっかり梱包されているとはいえ、これまで以上に取り扱いの注意が必要です。また、記録媒体などは出荷される箱の中に他の商品とまぎれて、数枚の納品であれば紛失の原因になるでしょうし、数百枚の納品ともなれば、すぐに何百万円の納品物になり、配送ルートの変更や保険の適用など取り扱いが多様に変化してくるかもしれません。物流にはこれまでとまったく異なったきめ細かな対応が求められるのです。

さて、東洋商事は販売会社ですから、販売活動のチェンジが大きなウェイトを占めていることは間違いありません。これまでは、中小カメラ店が販売先で経営者が仕入に当たっていたでしょうから、商談は即決です。また、東洋商事の営業マンがお願いすれば、人間関係で仕入をしてくれたかもしれません。さらに、さまざまな商材をワンストップで調達できる東洋商事がメインの仕入先で、店舗の品揃えまで東洋商事の営業マンが主導していたかもしれません。ところが、「**映像文化の担い手として、いち早く時代の変化を形にする**」という新ビジョンの下、お客様は大きく変わりました。家電量販店、PC ショップ、ディスカウント店、ホームセンター、通販会社等、どこもある程度以上の企業規模で、仕入を専門とする部署があります。通常交渉すべき相手は、経営者ではなく、仕入担当者です。部門の計画があって、厳しく予算達成を求められているわりには、決裁権限が少ないことが予想されます。実は、これが大きなチェンジなのです。営業はクロージング（商談成立）までのプロセスが増えることになり、この仕入担当者が上司に説明しやすい材料を提供することが必要になってきます。

なぜこの商材なのか、他の商社から仕入れるのとどう違うのか、またメーカー販社から直接仕入れた方が安いのではないか、そうであれば、類似機能でPB商品の提案も可能である。などなど、商談は複雑になり営業マンは販売するというより、お客様の仕入担当者のブレインたる活動を求められます。もちろん、超大手家電量販店であれば、直接メーカーの幹部クラスが商談に当たるでしょうが、東洋商事は、自社のような専門商社を必要としている中堅企業をねらっていかなければならないでしょう。しかも、その店舗自体が生き残るためには大手量販店にはない、高齢者に優しい店づくりであったり、デジタル商品が苦手な主婦層への訪問説明であったりといった手厚いサービスが必要で、一緒に考えるようなことも求められるでしょう。

これは、最後のアフター活動にも大きな影響を与えます。「**映像文化の担い手として、いち早く時代の変化を形にする**」というビジョンを掲げ、お客様もライバルも変わった中で戦っているのです。お客様は中堅企業で、大手にないサービスを消費者から求めれています。高齢者や主婦といったデジタルに比較的弱い層に映像文化の新サービスを紹介し、購入していただいたのですから、その使い方を定期的にお知らせするようなサービスがフィットしそうです。また、デジタルカメラやビデオカメラの撮影会と称して、旅行などを企画するのも面白いかもしれません。そうであれば、東洋商事が活躍できることも大きく変わってきます。単なる修理をメーカーに取り次ぐアフター活動ではなく、購入した消費者に安心して使ってもらったり、楽しませるアフター活動へのチェンジです。デジタル画像加工教室の開催や旅行会社との提携等、知恵を絞れば、地域に密着したアフター活動は、いくらでもあると思います。

ここまで、主たる活動のチェンジを見てきました。卸売業者を例に取りましたので、他の業種にお勤めの方はピンとこない部分もあったかもしれません。また、中堅企業のイメージで作成しましたので、大手企業の方にとっては、あまり戦略的な話ではなかったかもしれません。しかしながら、現場の最前線ではこのようなことが起きているのです。一言でいえば、いくら根性論で頑張ってもダメなものはダメで、知恵と工夫が求められています。

その知恵と工夫を発揮する大前提として、多くのことが変わったことを認識することが人事制度を使いこなすスタートです。そうです、今までとは必要な人材像が大きく変わったことを認識し、徹底的に育成をしていかなければなりません。口では、これからの「当社に求められる人材は……」というようなことをいっていても、採用や教育方針はまったく変わっていない企業を多く見受けます。また、評価はマネジメントツールであり、教育ツールであるはずなのに、従来の評価項目のまま運用している企業はたくさんあります。今いる社員を全員チェンジに対応させることは難しいでしょうから、チェンジが必要な部署とチェンジできた人材のマッチングを考えて、配置転換していくことも必要でしょう。また、退職をして新たな活躍のフィールドを見つけたほうが本人のためにもなる社員がいるかもしれません。

このように、必要な人材が大きく変わったことは、人事部ではなく現場のマネジャーが肌で感じているはずです。だからこそ、マネジャーが人事制度を使いこなさなければならないのです。

⑤チェンジ5：参謀の活動

まずは、業績管理です。ところで、業績とは何かということについて、皆さんは深く考えたことがありますか？　「そんなの当たり前で当期利益だよ、それを捻出するために、本業の儲けを表す営業利益が大切だ」、「その営業利益を捻出するためには、売上げを上げ、原価を抑え、経費を節減する」。

上記の考え方はもちろん間違っていません。でも、これまでのように「重要なチェンジを把握したマネジャー」から見て満足のいく業績管理でしょうか？　従前の東洋商事は「全国の中小カメラ店のパートナーとして、あらゆる写真関連商品をタイムリーに提供する」というビジョンを持っていました。チェンジ後は、「**映像文化の担い手として、いち早く時代の変化を形にする**」を目指しています。売上げや営業利益を中心とした業績管理ではどちらも同じです。それどころか、どこの企業も同じです。

ここに、業績管理がうまくいかない理由があるのです。このような反省から、もっと企業内部の活動に切り込んださまざまな業績管理の手法が出ています。バランススコアカード(BSC)、活動基準原価計算による管理（ABM）などは、皆さんも聞いたことがあると思います。これらは、考え方は素晴らしく合理性があるものですが、その企業独自の状況は市販の本を購入してきても考慮されていません。

大きなチェンジが成功したイメージをしっかり持たなければ、その企業に合った新しい方向性をチェックする業績管理にはなりません。また、結果には出た結果と、出す結果があることも理解しなければならないのです。例えば、東洋商事であれば、最終の結果は、経営計画のチェンジで述べたように、営業利益・付加価値・売上げで、これらが重要であることは変わらないわけです。しかし、これは現場の動きをとらえたものではありません。新生東洋商事が成功した姿は、中堅小売店とその顧客から「**映像文化の担い手として、いち早く時代の変化を形にする**」企業だと信頼されることです。そうであれば、その中堅小売店の中での東洋商事のシェアを高めることが、まずは重要でしょう。これを流通用語ではインストアシェアといいます。具体的には、ターゲットである中堅小売店の年商が100億円だとして、その仕入高が70億円だとします。現在は、Ａ問屋から42億円（60％）、Ｂ商社から21億円（30％）、東洋商事から７億円（10％）仕入れています。これまでの現場の活動が功を奏して、この中堅企業から支持されれば、おのずと東洋商事からの仕入が増えるはずです。しかも、その中身は、従来の写真業界関連商品ではなく、デジタル映像関連の商品が主で構成されている必要があるでしょう。これが現場がまずは出さなければならない結果であって、東洋商事全体の売上げや利益だけを見ていても、新しいビジョンに近づいているのかどうかは、まったく分かりません。

しかしながら、こういった現場の動きを加味した業績管理でない場合、従来どおりの売上げや利益を上げていればよしとしてしまいます。もっと突っ込んで得意先別の売上／粗利管理を行っている企業も多いと思いますが、これも同じです。従来とは得意先の構成が変わらなければ意味がなく、重点得意先であったところを総花的に見て売上げが落ちていることを嘆いてみても対策は打てません。

⑥チェンジ６：人事の活動

いよいよ人事のチェンジです。すべては人がすることなので、人事政策を駆使してモチベーションを向上させ、貢献し

図５　誰が評価される？

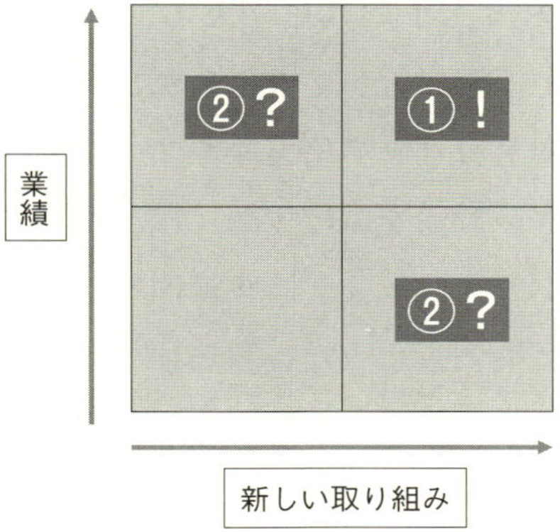

たものには、昇進・昇格や、報酬といった形で報いることが必要でした（図１⑦）。だから、新しいビジョンを掲げた東洋商事を成功させるには、人事の運用が間違ってしまうとすべて終わりです。

ここで誰が評価されるべきかという話をしましょう。**図５**を見てください。縦軸に出た結果としての業績（売上・付加価値・利益など）、横軸に新しい取り組み（東洋商事で言えば、中堅小売店にデジタル映像商品を提供する）を示します。

もちろん、一番評価されるべきは、図５中右上の象限である「新しいことに取り組んで、結果も出た人」でしょう。問題は、右下「新しいことに取り組んだけど結果が出なかった人」と左上「新しいことには取り組まなかったけど結果が出た人」のどちらが評価されるべきかということです。もう皆さんはお分かりだと思いますが、この会社のビジョンを実現させようとすれば右下の社員を大切にしなければなりません。ところが、左上の社員が評価され、賞与支給額が多いだけでなく、昇給も昇進・昇格も果たす人事を見受けます。

このような人事政策を続けていけば、だれも新しいことにはチャレンジしなくなります。東洋商事の場合、中期的には会社の存続にも関わるような業界環境の変化に見舞われているのですから、この新しいビジョンの実現を急がなければならないのです。

人事政策の中でも、誰を管理職に任命するかということが特に重要です。なぜなら、個人の評価や報酬は部門や会社全体に知れ渡ることはないでしょう。しかし、誰が昇進・昇格したかは、一目瞭然です。新しい経営ビジョン実現に向けて果敢に取り組んだものが浮かばれず、結果だけを残したものが昇進・昇格をしていれば、誰も、新しいことに挑戦しなくなります。明治維新の立役者である西郷隆盛がその著「南州翁遺訓」で述べていることは、人事政策に大きな示唆を与えるものなので、紹介しておきます。

「……故に何程国家に勲労あるとも、その職に任へぬ人を官職を以て賞するは善からぬことの第一也。

官は其の人を選びてこれを授け、功有る者には俸禄を以て賞し、之れを愛しく置くものぞと申さるるに付き、……」

要するに、人物として優れたものにしか官職を与えてはいけない。実績があったものには金銭で報いればよいということです。「**能あるものに職を与え、功あるものに禄を与える**」これが、人事政策の基本ではないでしょうか。

図１の①〜⑥のチェンジを理解せずして、⑦の人事政策を打つことができないことがよく理解できたと思います。だからこそ、そのチェンジを体感している現場マネジャーが人事制度に深く関与することが必要なのです。新しいビジョンを実現し、お客様に支持され、ライバル企業に打ち勝ちながら、経営計画を達成する。どのようなセンサーを働かせれば、進捗を管理して軌道修正を行えるのか。そのための企業内部の活動（チェンジ）に対応できる人材を採用し教育し配置していくことは、今までの人事の仕事とどう変わるのか。また、現在いる人材に関しては、評価を通じてどのような方向にマネジメントし、鍛えていくのか。これからの新しい東洋商事に求められる人材はどういった強みを持つ必要があるのか。

私が図１を使って、これまでずっと「何をチェンジするのかつかめ」といった理由が分かっていただけたことでしょう。

(3)　各組織が果たすべき成果とは何か？

これまで、「**経営のしくみ**」の中で何を変えなければならないのかを理解せずして、人事制度は成り立たないという話をしてきました。「**チェンジに対応する組織のみが生き残る**」ということだと思います。

ですから、人事制度の運用を担うマネジャーはチェンジをつかんだ後、現状の組織でそれに対応できるのか、新しい組織が必要であれば、その組織の成果とは何かを検討しなければなりません。その前提として各組織の成果とは何をもって測るのかが大切です。重要なことは成功のストーリーを描くということです。

東洋商事であれば、物流に関する組織改革が欠かせません。これまでのようなサービスレベルではとても新しいお客様の要望には対応できないでしょうし、ライバル企業にも勝てないからです。その要望とは、注文と違う商品が配送される、納品されたものが破損しているなどの出荷ミスがないことはもちろんで、これまで以上に高いレベルで求められるでしょう。また、土日祝日も配送するような365日対応はもちろんのこと、納品業者が多いので時間帯も指定されるかもしれません。さらに、納品口に納めるだけでなく、売場まで運んで、値段づけ・陳列まで行わなければならないこともあるでしょう。

これらをコストアップにならないように対応しなければ付加価値（売上－原価－物流費－販促費）が低下して、最終の利益である営業利益の確保ができないことはいうまでもありません。Q（クオリティ）、D（納期）、C（コスト）に物流の改善は現れます。東洋商事の場合、まずは新しい顧客の要望（Q・D）に対応しなければ、商売そのものが成り立たず、それを何とかコストを抑えて行うという順番ですから、QDCという優先度も重要でしょう。この優先度合いは組織成果の評価ウェイトとして考慮できます。物流部門の業績は、①出荷ミス低減（Q）、②納期遵守率アップ（D）、③出荷金額対物流コスト（C）で現されることになります。この３指標が物流部門の組織成果です。

ここで重要なことは現状値を知るということです。よく現状値が書かれていない部門計画書を見ますが、それではどれぐらい改善すればよいか検討がつきません。指標の目標値と現状値のギャップを認識するところから改善は始まるのです。３指標そのものは、チェンジ前の東洋商事でも重要であったかもしれませんが、大切なことは新しいお客の要求に対応するということです。ですから、どれぐらいの要求をされて（目標値）、これまではどうだったのか（現状値）を知らなければならないのです。この組織成果は、数値で表すべきだと考えています。

ここで業績の３つの捉え方の話をしましょう。それは、①全社の業績、②組織の業績、③個人の業績です。

まず、「①全社の業績」ですが、これは、財務諸表に現れます。今年１年間の収益状況が損益計算書に（Ｐ／Ｌ）現れます。これまでの企業活動による財務体質が貸借対照表（Ｂ／Ｓ）に現れます。現金を稼ぐ構造がキャッシュフロー計算書（ＣＳ）に現れます。どんなに頑張ったといっても、会社の業績はこれらの財務諸表に現れ、それ以外では計りようがないことはいうまでもないでしょう。

次に、大切なのが、東洋商事の物流部門で検討したような、「②組織の業績」です。これまで把握してきたように何をチェンジするのかをよく検討しなければなりません。それが腑に落ちれば組織をまとめて、引っ張るリーダーシップのスタートラインに立てたことになります。しかも数字であることが重要です。よく、あいまいな組織方針を掲げて、スローガンのように唱えているだけの組織を見かけますが、これでは現場は動きません。例えば、東洋商事で「出荷ミスを減らそう」と辺りに張り紙をしても効果が薄いことは想像できると思います。

(4) その方向に人の動きを変える

最後に「③個人の業績」です。これまで、全社の方向性のチェンジを実現する組織があって、その成果を指標で捉える話をしてきました。その指標は、組織特有の「成功ポイントやボトルネックの解消」を現すものでなければなりません。

そして、その組織成果をどのように個人が実現するのかが本当のチェンジで、いくらすごい経営計画や組織成果指標があっても、個人の動きが変わらなければ意味がありません。だからこそ、「**業績管理**」と個人の動きを変えるための「**人事政策**」は両輪なのです。

さて、個人の業績を数値で測るべきかどうかがよく議論になるところです。私は、営業などの直接売上げ数字を持つ部門（プロフィット部門）以外は、数字ありきではないと思います。東洋商事物流部門であれば、３つの組織業績、①出荷ミス低減（Q）、②納期遵守率アップ（D）、③出荷金額対物流コスト（C）を達成するために、自分は何ができるのかを考えるのが先です。

在庫のロケーションを担当する仕事に就いていれば、出荷頻度の高いものは取りやすい場所に置かなければなりませんし、納品のタイミングが重なるような関連商品は近くにあったほうが動き回る距離が減るでしょう。組織成果が決まって、それを高める工夫を現場の仕事に置き換えて考えれば、多くの改善策が出てくるはずです。そのように柔軟な発想で知恵を出した工夫を指標で現せば、やらされ感は消えるはずです。この例で言えば、在庫場所の改善は、ピッキング時間／出荷数量で表されることと思います。

また、出荷管理をする仕事であれば、箱にもさまざまな種類や材質があり、価格もまちまちですが、それを整理することが重要です。商品が傷まないように梱包時に使用される緩衝材も同様です。納品する商品の特性に合わせて、大きさ、強度、材質などの、要件を満たさなければ配送中の衝撃に耐えられずクレームにつながるでしょうし、オーバースペックはコスト増になります。この工夫は、梱包資材費／出荷金額に現されるでしょう。

私が設定した指標「ピッキング時間／出荷数量」や「梱包資材費／出荷金額」を見て、物流なら当たり前の指標だと感じられるかもしれません。しかし、ここで重要なことは人の動きをチェンジさせることです。新しいビジョンが決まり、経営計画が策定され、それらの実現に向けて各組織の成果が特定されました。しかし、「人の動きは変わらない」というのはここに理由があるのです。「あなたの成果はこの指標で測りますよ」といわれても、何をすればよいかピンとこないのが普通です。それより、組織成果を達成するための作戦をチーム内でじっくり検討し、先に何をすればよいか自分で気づいてから、それがうまく行ったらどんな指標に現れるかを考えるほうが楽しいし、やらされ感がないことはいうまでもないでしょう。

人の動きを変えるコツはどんなときでも、やらされ感の払拭なのです。目標による管理（以下：MBO）を行っている会社は多いと思いますが、うまく運用されている例は少ないのです。そういう会社の MBO フォーマット自体、先に指標がきているものが多いことでしょう。もしくは、まったく指標がセットされていないという逆のパターンもあるかもしれません。いずれにせよ、MBO がうまく行っていない大きな原因は**やらされ感**だと思います。現場社員だけならまだしも、管理職がそもそも人事からやらさていると感じているのです。

そこで、私はMBOの主幹部署を人事部から各現場の責任者（部長クラス）に移すことをよく提案します。先ほどのように、活動がうまく行くということは各現場ごとに違いますし、必要な人材も異なるわけですから、マネジメントのスタイルはさまざまなはずです。それなのに、人事部が昇給や昇格、賞与計算に使いやすいフォーマットで、その運用時期に合わせて、管理していてもうまくいくはずがありません。MBOを最初に日本に紹介したとされるドラッカーもMBOがうまくいくためには、**報告と手続きに支配されるな**といっています。MBOとは、現場が使いやすいのが一番であって、人事部が使いやすいかどうかではないのです。

ここまで、マネジャーが人事制度を使いこなすには、経営の仕組みのチェンジを知らなければならないことを強調してきました。これ以降では、人事制度を運用する基本姿勢について検討していきましょう。

(5)　個人のパフォーマンス管理のポイント

「③個人の業績」は定量的なものだけでなく、「②組織の業績」の実現に向けて今期に何を取り組んだのかといった定性的な視点が重要なのです。

定性的であるからこそ、半年に１回評価時に見ればよいというものではありません。日々、何に取り組んで、どのような効果（問題）があったのか、次に何をしていこうかといった「仕事のコミュニケーション」がマネジメントであり、「並みの社員」の育成となるのです。

また、少しでも成果が上がったら「ほめる」ことが必要です。決して「ほめ渋り」を行ってはいけません。もちろん、これまでの報酬制度とは違って、金銭以外の「ほめ方」を企業側が身に付けなければ、人件費が全社の業績を圧迫してしまいます。

さらに、「躾ける」ということも必要です。期首にたくさんの労力と時間をかけて、目標を設定しても成果が出ない理由は、以下の５点に集約されると思います。

① やろうと思った施策が間違っている
② 施策は効果的だが十分でない（３つの施策をやりきっても目標値に届かない）
③ 施策を立てたが年間のスケジュールに落とし込まれていない
④ スケジュール化されているが実行していない
⑤ 実行したが効果がでなかった。

上記の、②③④の状況の時には、キッチリとした指導が必要なことはいうまでもありません。ある企業では、社長の経営方針で「今年は○○ブランドに力を入れる」と高らかにうたわれていたのに、末端の営業マンの活動スケジュールにはほとんどそのための販売活動が反映されていませんでした。

また、⑤を把握して次の期の①に反映するには、綿密な仕事のコミュニケーションが欠かせないでしょう。

ここで、少し視点を変えて、このようなリーダーシップのコツを以下に語呂あわせでまとめてみました。イギリス人の知人が協力してくれましたので、特に日本人にだけ合ったスタイルではないでしょう。皆さんも自分のスタイルを点検してみてください。また、自分のスタイルはあるにしても、発揮する際には、その個人の状況（顧客への重要な提案を行おうとしているのか、トラブル対応か、強力な指示を求めているのか、軽い相談なのか）によっても違います。

L：　Lead（導く）

E：　Educate（教育する）

A：　Achieve（成し遂げる）

D：　Discipline don't destroy（躾ける　破壊しない）

E：　Encourage（ほめる）

R：　Respect each other and laws（尊敬しあう　法を遵守する）

S：　Sensitivity（メンバーに気遣い）

H：　Happiness（personal&corporate）（個人も会社も幸せに）

I：　Inspiration（ひらめきを大切に）

P：　Productive（何かを生み出す　生産的な）

⑹　業績アップには「並みの社員」の活性化が欠かせない

「並みの社員」に火をつけるという新たな人事政策ポリシーについて話します。企業にとって、「並みの社員」の活性化がいかに重要で、どうすれば、現場管理者がその者たちに火をつけられるのか」といったことを考えてみたいと思います。

人事部は、等級・評価・報酬といった基本制度の設計と運用を担ってきました。また、教育研修・ジョブローテーション等で人材育成を支援してきました。これらを通じて、業績向上や経営ビジョンの実現を後押してきたのです。

これらの貢献は、決して小さいものではなかったでしょう。しかし、これらの制度によって報われたのは、主にハイパフォーマーであろうと思います。大多数の社員は人事制度に不満を持っているか、場合によっては興味すらありません。

「マネジャーが現場支援者としての覚悟を持つ」ということは、人事制度を活用して「並みの社員」の活性化をどのように支援できるのかということだと思うのです。

ここでは、「並みの社員」になぜフォーカスしなければならないのかを、簡単な数字に置き換えて考えてみます。

２：６：２だとすると６×10％アップのインパクトは大きい

よく、２：６：２の法則で、できる社員が20％、並みの社員が60％、ダメ社員が20％の社員構成比だといわれています。仮に、ミドルパフォーマーの業績を100としてハイパフォーマーは２倍（200）の業績、ダメ社員は半分（50）だとします。業績と構成比を掛けると、全社への貢献を**図６**のようにまとめることができます。

この構成比60％のミドルパフォーマーに火がついて、10％の業績が向上する（110になる）と、全社への貢献は66になり、全社的には６の業績向上に繋がります。ハイパフォーマー層にこれを期待すると全社への貢献を40→46にしなければならず、個人的には200→230の業績を期待することになります。これまでも突っ走ってきた、ハイパフォーマーにさらに15％頑張らせるわけで、バーンアウト（燃え尽き症候群）への危険を感じずにはいられません。

同じようにローパフォーマー層に期待すれば、全社への貢献を10→16にしなければならず、個人的には50→80の業績を期待することになります。なんと60％もの上乗せであり、これはマネジメントを通り越した、神業に近い状況ではないでしょうか。もちろん、若干名にはこのようなことも可能でしょうが、あくまでも層全体としての実現性には乏しい話です。

(7)　マネジャー向け「業績連動人件費」講座

人事制度を使う前にマネジャーが理解しなければならない

図６　「並みの社員」活性化の効果

	①構成比	②業績	③全社への貢献(①×②)
出来る社員(ハイパフォーマー)	20%	200	40
並みの社員(ミドルパフォーマー)	60%	100	60
ダメ社員(ローパフォーマー)	20%	50	10

「６×10%アップ」は効果“大”

	①構成比	②業績	③全社への貢献(①×②)
出来る社員(ハイパフォーマー)	20%	230	46
並みの社員(ミドルパフォーマー)	60%	110	66
ダメ社員(ローパフォーマー)	20%	80	16

Aパターン 200→230 (15%UP)

Bパターン 100→110 (10%UP)

Cパターン 50→80 (60%UP)

ことは主に２つです。一つ目は、「会社が何をチェンジしなければならないかを理解しろ」ということです。二つ目は、「現場支援者として並みの社員を活性化させろ！」ということです。

それらを人事制度の活用を通してできれば、結局「並みの社員」も含めて、皆の報酬が増えるしかけがあります。それは賞与をうまく機能させるということです。

よく、さまざまな企業の経営者や人事部の方と報酬についての話をしていると「賞与」と「月例給」の区別なく、年収ベースだけを重視している場合があります。実際、個人としては年収で増えた減ったを考えており、生活設計も年収がベースになっていることが多いでしょう。

しかしながら、マネジメントサイドにおいては明快にその２つを使い分けて、有効なインセンティブとして機能させることが必要です。「月例給」とは何に対して支払っているのか、「賞与」とは何に対して支払っているのかを深く考えることがスタートです。ここでは、これまでのご褒美としての「賞与の機能」について深く考えてみたいと思います。

①賞与とは何に対して支払うものか

私は、「賞与」は短期の業績結果に基づいて支払われるものだと考えています。そうであれば、社員が追い求める業績とは何かを定義しなければ、そのメッセージが現場に伝わることはありません。その際、①全社の業績とは何か、②部門の業績とは何か、③個人の業績とは何かというように階層別に捉えるということは先述のとおりです。これを賞与に反映させます。繰り返しますが、ここで注意しなければならないのは、現場にそれぞれの業績を上げなければというメッセージが伝わるかということです。

②全社の業績と賞与原資を連動させる

まず、全社の業績に関してですが、「付加価値」という概念で捉えるのがよいでしょう。第１章の(2)で経営計画のチェンジを表すのに適した指標だと解説いたしました。経営幹部に対しては、ROA、ROE、EVA（Economic Value Added　米国スターン　スチュアート社の商標登録）等、資本の効率性やコストを考慮した指標も有効だと思います。しかし、現場でそれを理解して何らかの動きにつなげられる人がどれぐらいいるでしょうか。

その付加価値の計算方法はさまざまで、加算法（経常利益に金融費用や人件費等を足していく方式）や控除法（売上高から原材料費や外注加工費等を引いていく方式）がありますが、現場には控除法が分かりやすいでしょう。

どこまでを付加価値とするかは、企業特性に応じてよく吟味する必要があります。例えば、売上げを上げるだけでなく、何とか荷造運送費を効率よく使うことに知恵を絞らなければならない消費財の卸売業者であれば、「付加価値＝売上－仕入原価－荷造運送費」とし、その付加価値と全社員の賞与原資を連動させます。そうすれば、営業部門と物流部門の連携が取りやすくなります。

③部門の業績、個人の業績に応じて、分配する

全社の業績とは何かが決まって、その業績に連動して賞与原資が決まったら、次に個人分配の方法を考えます。その場合、問題になるのが部門の業績とは何かということです。個人については、目標管理やその他のツールを使って、人事考課をされていると思います。

部門の業績を考える際に重要なことは、その部門が会社の中で果たしている機能について、もう一度整理しなおすことです。ここ何年も組織を見直していない企業の場合、組織編制時と現在とでは、お客様もライバル企業も違うのに、全く同じ手法で仕事を繰り返している場合があります。

例えば、先述の消費財の卸売業の例であれば、以前は大手チェーンの仕入担当者からいわれるままに、各メーカーの商品を販売していました。収益性が悪化してきたので、中堅のスーパーと提携して、そのお店のPB（プライベートブランド）制作を重視するようになったとします。営業部隊は企画・生産部隊と連携して、PBの提案を繰り出さなければなりません。

しかしながら、どの部門も「PB提案数」という指標を追っておらず、売上げという結果しか見ていなければ、新しいビジネススタイルは浸透しないばかりか、動き出すことも難しいでしょう。

このように部門の業績とは何かを決めて、それを個人まで落とし込むことは、まさしく現場の動きを加速させることなのです。そして、全社員で獲得した賞与原資を現場の動きに応じて分配するのです。それが、「賞与の機能」ですから、能力評価やコンピテンシーだけで、賞与を分配することは望ましくないことが分かっていただけたと思います。

ここまで記述してきたことのまとめとして、賞与を機能させるためのステップと概念図を簡単に示しておきます（**図７**）。

図7　賞与を機能させる概念図

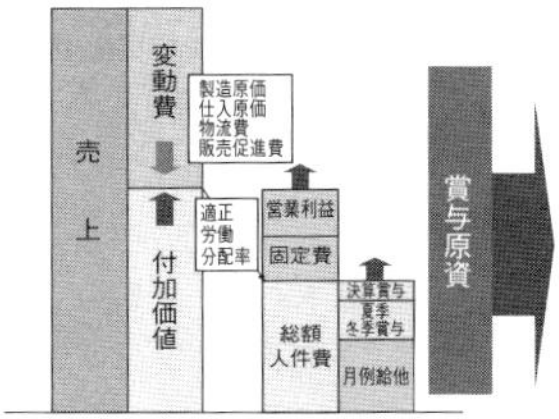

個人分配

数値はダミー

①部門業績

	役職	一般
S	1.25	1.15
A	1.10	1.05
B	1.00	1.00
C	0.90	0.95
D	0.75	0.85
E	0.50	0.75

×

②個人評価

	役職	一般
S	1.40	1.30
A	1.15	1.10
B	1.00	1.00
C	0.85	0.90
D	0.60	0.70

×

③等級

	所長	営業	他
**			
1級	25.0	22.5	20.0
2級	20.0	17.5	15.0
3級	15.0	13.0	12.0
**			10.0

各人のポイント＝①部門業績×②個人評価×③等級

他の要素も評価対象とすることが可能

＜計算例＞

賞与原資			
120万円	Aさん 15ポイント Bさん 20ポイント Cさん 25ポイント	合計 60ポイント → ポイント単価 2万円 120÷60	Aさん：30万円 Bさん：40万円 Cさん：50万円

出所：株式会社日本経営システム研究所　セミナーテキスト
　　　を一部加筆修正

〈賞与制度構築のステップ〉

ステップ１：全社業績の決定

　　　　　　全社員で追い求める付加価値とは何かを決める

↓

ステップ２：賞与原資の取り方

　　　　　　その付加価値と全社員の賞与原資を連動させる

↓

ステップ３：部門業績指標の設定

　　　　　　お客様やライバル企業を考慮して、部門の業績指標を決める

↓

ステップ４：個人目標の設定
　　　　　　個人の目標に部門業績指標達成方法を落し込む
↓
ステップ５：個人分配の仕組み
　　　　　　賞与原資を部門業績指標の達成率や個人評価で
　　　　　　分配する

付加価値が上がれば、全社員分の賞与原資が増えるしくみなので、同じＢ評価（並の社員）でも、賞与分配額は増えるというしくみです。

本書は現場の管理職が人事制度を使いこなして「並みの社員」を活性化させることをテーマにしています（人事制度設計のための解説書ではありません）。ここで解説した業績連動賞与の話は、会社業績と現場社員のモチベーション向上をどのように両立させるのかという意味で重要な考え方なのです。必ずしも、上記のような制度設計にするということではありませんが、考え方は「人事制度を運用するマネジャー」としてしっかり理解しておくべきです。

第2章

MBOこそ「普通の社員を奮い立たせる最高の活動」

(1) MBOとは、本来どういうものなのかを人事部と話し合おう

MBOが“Management By Objectibes”（目標による管理）であることはよく知られています。日本では目標管理と呼ばれ、ドラッカーが初めて現代の経営で提唱してから何度かブームがきている手法です。実は、ドラッカーが提唱したものには、and Selfcontloll という言葉が後に続いています。『現代の経営』（ダイヤモンド社、P.F ドラッカー著、上田惇生訳）では、「目標によるマネジメントと自己管理」と訳されています。

私は、この and Selfcontloll（自己統制）の部分が重要であると考えています。しかも、この Self とは何か。これからの MBO は自分という個人のことではないのではないでしょうか？　Selves という複数形が最も時代にマッチした MBO です。

“Management By Objectibes and Selvescontloll” かのドラッカーが生きていたら、叱られるでしょうか？

そのSelvesは、マネジャーと担当者です。決して、人事部と現場担当者ではありません。ですから、マネジャーが人事制度を使いこなすうえで、まずやらなければならないことはMBOの主導権を握ることです。そして、MBOをやっていない会社は自ら人事部に働きかけて導入させることです。

私がコンサルティングをしていて最も不思議なことは、人事部がMBOのしくみを決めて主導権を持って行っていることです。検討されていることの大部分の時間は、MBOシートのフォーマットと配布回収時期です。そして、フォーマットはどんどん細かくなっていきます。目標設定の基本は「何を、どれぐらい、いつまでに」ということですが、その記入の仕方に規制が増えるのです。例えば、「何を」の部分は、売上・粗利・販売管理費の各項目から３個、「どれぐらい」は、前年比120％以上がＳ評価対象、「いつまでに」は、期末で完結を目指すといった感じです。

この決まりはすべて、評価をする人事部の都合だと思いませんか？　「何を」は数値であれば評価しやすい。「Ｓ・Ａ・Ｂ・Ｃ・Ｄ」は明確な基準を持っていたい。期末までに完結しなければ昇給・賞与へ反映できない。すべて、現場管理者にとってはどうでもよい話です。人事部が人事制度としての不備を突っ込まれないように、MBOシートの書き方や運用スケジュールで同じ質問が出ないように精緻に修正をしていった結果、現場では窮屈なしくみとして完成していきます。

現代のあらゆる技術の集大成といっても過言ではない自動車もハンドルやブレーキに遊びの部分があります。人事部がMBOシートの記入の仕方から運用スケジュールまで精緻に決めるということは、運転手の技術や道路状況を無視して、ハンドルの曲げる確度から、アクセルの踏むタイミング、ブレーキを踏む強さまで決めるようなものです。

では、人事部が行うべきMBOとは何か？　それは**「"場"」の設定、運営**です。『場の論理とマネジメント』（東洋経済新報社：伊丹　敬之）では、成功する経営は、人が横に連携し情報を共有しそこから創発される意見が大切であるとしています。**「場」の設定、運営**とそこから出される結論に対する承認が「経営者・管理者」の重要な役割であると述べられています。MBOはまさしくそれに相応したしくみです。これまで述べてきたように、MBOとは本来どういうものなのかを人事部と話し合ってみてください。そこから、さまざまな方向性や問題点が見えてくるはずです。いつまでも「人事部がやるMBOは人事評価用、自分は別の手法で臨機応変に現場を回している」などと言ってはせっかくのMBOがもったいない。

人事部と話し合う初めの言葉は「うちのMBOって、うまくいってるのかなぁ」。これだけで大丈夫です。私の経験でもこの言葉を人事部の方に問いかけて、話が盛り上がらなかったことはありません。なぜなら、人事部は人事部でMBOシートの配布、回収（目標設定時と評価時）をしながら、空しさを感じているからです。

その空しさは２点に集約されます。一つは現場が真剣に取り組んでいないということが記載を見ていると明らかだということです。何も内容についてではありません。人事部が営業や生産のMBOシートの中身を見て有効策かどうか判断するのは難しいでしょう。それよりも、真剣に考えて書いていないことが書き方で明らかだからです。毎年同じものをコピー＆ペーストで出してきたり、毎月スケジュールが同じで線を１本引っ張っただけのものであったりというのは、かなり多く見受けられます。

もう一つの空しさは、経営層がこれをよく見ていないということです。年度初めに経営計画を発表するまでは経営層は真剣です。期中からさまざまなデータを準備し、業界動向や自社の強み・弱みを再確認します。数値も何度もシミュレーションし、現場との議論も行われます。しかし、一度書面にまとまって、役員会で承認され、株主や金融機関等の関係者に発表された後は、興味が薄れてしまいます。当然、P/L、B/S、CSといった財務諸表には目を見張らせていますが、現場の動きにまでは目が届きません。もちろん、現場の動きを変えるのは現場管理者の仕事ですが、それが実践されているかどうか把握するのは経営者の仕事です。MBO は経営者が現場管理者と現場の関係を把握する**「最高のしくみ」**であると思いますが、そのシートを熟読している経営者は少ないでしょう。このように、MBO は現場からも経営者からも重要視されていないのです。人事部はそのことを身にしみていますが、誰に相談してよいものか分かりません。ですから、「うちの MBOってうまくいってるのかなぁ」の一言からすべてが始まるのです。

ここから、具体的な MBO を現場マネジャーが活用する手法を考察していきましょう。

(2) 会社、組織、個人と目標は分担できても、価値観は分担できない

ドラッカーが提唱したMBOが「目標管理」ではなく、「目標によるマネジメントと自己統制」という訳が本来のものであるということは、先ほど述べました。マネジメントという言葉もよく考えてみる必要があります。Management は Manage という動詞から派生したもので、Manage を英和辞書で引くと「～をなんとか成しとげる」と訳されています。

管理するという意味もありますが、おそらく「～をなんとか成しとげる」という方が、経営者の感覚からするとしっくりとくるのではないでしょうか。経営者は管理という言葉を嫌います。管理というのは机上で何かチェックだけしていれ

ばうまく現場が回るという錯覚を起こさせます。毎日、毎日、業績のことを考え、少しでも市場の変化や顧客・ライバル企業の情報をつかもうともがいている経営者からすると、マネジャーに管理というような仕事を期待しているはずがないのです。

ところが、部長クラス以下の管理職になると、この管理という言葉を非常によく使います。もちろん、さまざまな管理手法や帳票が業績を上げ、人材を育成する手段として必要な場面はたくさんあります。しかし、それらが先にあるのではなく、活用した方が効果が高いから存在するのです。このことは、ドラッカーがMBOを行うときの留意点でも「手続きや報告に支配されるな」という言葉で述べられています。おそらく、管理職という表現が管理をする職に勘違いをさせているのではないでしょうか。ですから、私は管理職という言葉をやめて、マネジャーと記述します。マネジャー＝「**何とか目標を成しとげる人**」。

目標は分担できても価値観は分担できないということについて話したいと思います。目標には、数値で表せるものと定性的なものがあります。数値であれば、売上・粗利・営業利益といったP/L（損益計算書）で表される成長性、収益性を表す指標が多いと思います。また、ROA（総資産経常利益率）、在庫回転率、売上債権回転率などのように、P/LとB/S（貸借対照表）を組み合わせて効率性や安全性を追求する指標もよく使われます。最近ではキャッシュフローを重視して目標値を設定する企業も中堅企業以下でもよく見られるようになってきました。

定性的な目標も重要です。人事部門であれば、新入社員教育の充実や高齢者の有効活用などを目標としてあげることもあるでしょう。営業部門の場合だと、展示会の成功、プレゼンテーション力向上という育成目標も考えられます。そして、これらの達成水準として数値を使うことが考えられます。展示会動員社数（何社展示会に動員できたか)、プレゼンテーション勝率などがそうです。

数値目標、定性的な目標のどちらにしても、会社がやろうとする方向を分担していることは間違いありません。10億円という営業利益目標があったとすれば、各事業部もしくは営業部門が売上と粗利目標を分担する。生産部門はそれに見合う、生産高やコスト削減に励む。管理部門は人件費や固定経費をコントロールする。というように分担すべき数値が明確になっていきます。

展示会の成功であっても、営業部門がターゲットの選定とアプローチ、企画部門は演出、研究開発部門は新製品の発表など、展示会成功のゴールイメージ（例：環境対応製品の新顧客開発など）が共有できれば、各部門の分担すべき仕事が明らかになってきます。

組織というのは何かの目的を持って集まった集団です。営業であれば売上げと粗利を稼ぐ。生産であればＱ（品質）Ｃ（価格）Ｄ（納期）のレベルを上げながら生産する。など、明確なミッションを持っています。このミッションに合った分担であれば、必ず受け入れられます。多い少ない、早い遅いなどのレベルが享受されないことはあるでしょうが。

ところが、個人に目標を分担したときには状況はガラリと変わります。

実は、MBO で目標を分担させるとき、個人レベルでは急にうまくいかなくなるのは、このミッションと大きく関わってくる問題なのです。ミッションというのはこの場合、「使命」という意味で使われています。使命は使者として受けた命令ですから、組織ミッションという言葉には違和感がありません。「組織は戦略に従う」というのはチャンドラーの有名な言葉ですが、組織そのものの意思というより、戦略遂行のために個人の意思とは関係なく編成されるものです。ですから、戦略遂行の使者として命令されればそれを実行するために懸命にならなければなりません。

しかし、個人レベルでは話が全然異なります。それは、個人は組織が編成される前から存在しているからです。組織に分担された目標は懸命に追い求めるのですが、個人レベルでは担当者に熱が入らないということがよくあります。個人へ無理やり目標を分担させることはできても、それに向けてやらなければならないという使命感は、容易には分担できないのです。

(3) 本当に「私のため？」になっていないと動き出さない

あるTVコマーシャルで、これぞマネジメントの要諦だと思うものがありました。女性三人がカフェでお茶を楽しんでいるシーンから始まります。そして、ダイエット中のデザートを食べようとしている一人の女性に対して「あなたのためだから」と言って、残りの二人の女性がそれを食べてしまうというものです。

このCMには男性上司と女性部下という別バージョンのものもあります。それは、仕事を終えて帰ろうとしている女性社員に対して、男性上司が「あなたのためだから」と言ってどっさり資料を渡して企画書を仕上げるよう指示するものです。

もし、ダイエットも企画書作成も本当にこの個人がミッションとして感じていれば、まさしく「**私のため**」なのです。「**私のため**」と思えるかどうか、これが大きな分かれ目です。人事部とマネジャーのMBOに対する話し合いも同じです。「MBOそのものは一体誰のため？」これが原点なのです。MBOはマネジャーが現場を動かすための最高の活動で、それを起点として人事部と話し合おうということは先述のとおりです。マネジャーはもう一歩進んで、部下個人にとって「**私のため**」と感じさせることができるかどうか深堀する必要があります。

CMの中で上司に資料を渡された女性にとってこの企画書を仕上げることが彼女の成しとげたいことだとしたらどうでしょう？　その動機はさまざまです。あるクライアントに対する売上目標があり、それを達成するための一世一代のプレゼンテーションを控えているかもしれません。また、企画書を作成すること自体が彼女がどうしても身につけたいスキルだという場合もあるでしょう。そして、その期限が間近に迫っているとしたら……。

この上司の「あなたのためだから」という会社の要求が彼女の使命感と一致するのです。もちろん、彼女は上司のアドバイスを聞きたくてしょうがない状況でしょう。I'm all ears。こういうときこそアドバイスが身になるのです。

経営とは異なりますが子供への注意も同じです。わが家には高校生の娘が居ます。そういう年頃なので普段は、私のいうことを聞きません。それでも、彼女が文句をいいながらも必ず私のいうことに耳を傾けなければならない状況が３ヵ月に一度訪れます。それは数学のテストが近づいてきたときです。彼女は数学が苦手ですが、何とか大学へ推薦入学で合格したいと思っており、そのためにはある程度の成績を取らなければいけないのです。もちろん、私も大学には現役で受かってほしいと思っています。私が要求することと彼女がやりたいことが一致した瞬間、これまでの関係とはまったく違った父親と娘の一致団結した数学学習が始まるのです。「今週末、数学見てくれる？」、「あぁ、午前中だけなら時間取れるよ」、「この問題をやってみよう。使う公式はこれで、引っかかりそうなとこは……」、「うん、やってみるから静かにしていて」といったキャッチボールが繰り広げられるのです。

MBOがうまくいく秘訣はまさしくここにあると思います。会社の要求と個人のやりたいことを結びつける力こそ、これからのマネジャーに求められるものなのです。それでも、「そんなうまく行くわけない。みんな仕事は楽なほうがよいと思っているのに、会社の要求と合うはずない！」という声が聞こえてきそうです。

私の娘も同じです。高校に入ったら途端に目標を失ったように勉強をしなくなりました。中学の時は部活も受験勉強も頑張ったので、高校では楽をしたくなったのかもしれません。大学など別に行きたくないと思っていたと思います。

そこで、私はよく大学生活のことをつぶやいていました。きっと、たっぷり時間があって、バイトもできるから、海外旅行に行ったり、好きなコンサートに行ったり楽しい生活が待っているんだろうな。どうせなら、自分が入りたい大学のほうが４年間も通うんだからいいよな？などなど、娘が少しずつ進学への興味を持つように「つぶやき」ました。

この「つぶやき」は上司のマネジメントスキルの一つだと

思います。最近ではツイッターというネット上の「つぶやき」が流行っています。各界の著名人からごくごく普通の人まで、裾野は広がり、自分の「つぶやき」に共感するフォロワーを何万人も抱えるカリスマもいます。上司たるもの、部下の大半が自分の「つぶやき」に注意を払ってもらえる存在になりたいものですし、逆にそれぐらい影響があることを承知していないと違う意図にとられることもあるということです。

いずれにしても、立てた目標が「**私のため**」になっていれば、MBO成功に向けて大きな一歩を踏み出したことは間違いありません。

(4)　キャリアデザインとMBO

「あなたのため！」にするには、あなたのことをよく知らなければ話が始まりません。よくキャリアデザインなる言葉が独り歩きし、人事部の皆さんが等級や教育研修制度の改善に取り組んでいます。しかし、現場からのニーズをしっかり把握しているかというと、ほとんどは数人からのヒアリングをしたという程度ではないでしょうか。経営層で意思決定されたから制度構築に取りかかったということが多いように思われます。

実際、「キャリアデザインを構築したい」というコンサルティング依頼があって、担当者に合ってみると中身は単なる等級フレームのことであったり、階層別／機能別の研修制度であることがほとんどです。スタートは個人別の状況を把握することであり、そのための知識・スキルが実は重要です。

例えば、『キャリアデザイン入門ＩⅡ』（日経文庫、大久保幸夫）では、人がプロとして一人前になっていくためには五つの段階が存在するとしています。①仮決め→②見習い→③本決め→④開花→⑤無心という階段があり、各々の段差には違いがあるということです。特に段差が高いのが，①仮決めと、③本決めの段階です。①仮決めは「よし、この仕事ときちんと向き合って、一人前になろう」と思うことです。③本決めは「この道を自分は行く。他の道には行かない」と腹をくくることだとしています。

私もキャリアデザインを考えるうえで重要な視点は、日本古来から武道の修行でいわれている「守・破・離」だと思います。守は、先人の伝えることをよく聞き、基本を身につける段階です。破とは、自分なりの工夫や改善を加えることです。離になると、精神的にももっと高い段階に昇り新たな道を切り開くという段階です。

各人が仕事の中でどの段階にあるのかによって、MBOで目標を与えるものも違ってくるはずです。また、各人がどの段階にあるのかを知るためには、よく部下を観察していなければなりません。なぜなら、自分のことは意外と分からないものですし、周りから見てどの段階にあるのかがビジネスの場合は重要です。ビジネスは顧客があり、ライバル企業があり、周りの人たちと協働して戦うものだからです。

このように個人のキャリアデザインとMBOの目標設定を関連付けることが非常に重要なのです。しかし、MBOの解説には会社側の目標値や施策の分担を説くものが多いようです。もちろん、企業にはなりたい姿（ビジョンや業績）があるわけですから、この視点が重要なことはいうまでもありません。私がいいたいことは、それを誰にどのように分担させるかについては、もっと個人のなりたい姿（キャリアデザイン）との整合性を考えなければ「やらされ感」が残るものになってしまうということです。

そのような「やらされ感」だらけのMBOをSelf Contololl（自己統制）するわけがありません。さらに、そのような目標に向けてManagement（何とかなしとげる）するマネジャーは鬼のような存在となってしまいます。

これから数年は日本経済が過去のような右肩上がりの絶好調期が再来することはないでしょう。グローバル化の波に対応し、海外市場で活躍する場合には日本の何分の一何十分の一といった賃金で働く人とのコストパフォーマンスを争うことになります。また、内需型の産業であったとしても、日本の労働力人口はどんどん減少していくわけですから、海外から労働者を招き入れることになり、やはり賃金相場もグローバル化に近づくでしょう。いずれの場合も、働くモチベーションが企業の成長と賃金・地位の向上だけでは保てないと思いますし、そうすべき時代ではなくなっているということです。

本書はマネジャーが人事制度を活用することで「並みの社員」を活性化させることをテーマにしています。なぜ、「並みの社員」にフォーカスするのかは、前章で述べました。6割の「並みの社員」が少しでも頑張れば会社へのインパクトが大きいからです。彼らにキャリアデザインというものを考えさせ、それを把握したうえで、会社の目標と整合性の取れた適切な目標設定をさせる。これこそ、まさしくポストも昇給原資も必要のない、最高のご褒美になるはずです。もちろん、このような社員が増えて会社の業績が上がらないはずはありませんから、個人の賞与などへ反映されて、結局は実利をも手にすることができるのです。これが第1章で述べた業績と人件費の連動ということです。会社の目標と個人のキャリアの整合性が取られているのに、業績が上がらなければ、よほど、経営者の戦略が間違っているということで、それこそ早急な改革が必要でしょう。

「あなたのため」とはどういうことなのか、「部下を観察し、つぶやき、語りかけ、傾聴する」この信頼関係なくして、MBOがうまくいくことはありません。コンサルティング現場で1000人以上のマネジャーを観察し、自分の部下の育成に奮闘し、娘との会話に悩んだ結果、行き着いた結論です。「あなたのため」とはどういうことなのか。

(5) なぜ人事部が主導で行っているのか

このように、MBOがうまく行くスタートは、会社の目標だけでなく、個人のキャリアデザインを把握することでした。次の問題は「並みの社員」が明確なキャリアデザインを持っているかということです。私は期首の目標設定時期にさまざまな企業のMBOシートを見ています。コンサルティングが始まった当初は、個人の目標をうまく立てられないケースがほとんどです。

MBOの一般的なテクニック論は、他書でもたくさん紹介されており、SMARTに目標設定するというのはご存知の方も多いでしょう。「Specific＝明確な、Measurable＝測定できる、Achievable＝達成できる、Relevant＝関連がある、Timed＝時間軸を意識する」目標が望ましいというものです。MにはMotivating（意欲を起こさせること）、RにはRealistic（現実的な）TにはTraceably（追跡可能であること）などが使われることもあります。私が主張したいのは、さらに個人のキャリアデザインや守・破・離の段階に合わせた目標設定が必要だということです。

いずれにせよ、人事部が人事考課のために使用する必要性からMBOを行うようなものではないことが分かります。SMARTのどの項目も人事部ではそれが適切なものかどうか分からないはずです。また、「並みの社員」が自分でも明確なキャリアデザインを持っていないのに、人事部がそれを把握することは不可能でしょう。

では、なぜ人事部がMBOの主幹部署になることが多いのでしょうか？　書店でもMBOはなぜ人事関連の書棚に入っているのでしょうか？　一度、この問題を深く考えてみたいと思います。

そこには、経営企画という機能が大きく関わってきます。私は人事と経営企画は共に経営の参謀であるという考え方を持っています。さらには、IT部門も経営参謀職の重要な一つです。人事・経営企画・IT、これらの機能は、本来の企業活動（購買、仕入、生産、販売、アフター、研究開発などの主活動と経理・財務・労務・総務などスタッフ活動）をうまく機能させるためになくてはならないものです。しかし、どれもがタコツボ化しやすい部門なのです。

タコツボ化しやすい部門は、専門性が強いためにその業務を習得するために時間がかかり、周りからも意見しにくい状態になっています。人事も経営企画もITもまさしくそういう状態の部門ではないでしょうか？　さて、このタコツボ化と人事部がMBOを主導しているということとの関連ですが、それがまさしくMBOの特徴なのです。

MBOは企業の目標分担ツールとしての側面が強いことはこれまでも述べてきました。その分担すべき目標のスタートは財務諸表です。一定期間の損益を表すP/L（損益計算書）、ある時期の財政状態を表すB/S（貸借対照表）、稼ぎ出したキャッシュとその使われ方を表すCS（キャッシュフロー計算書）が主なものです。何を最も重要視するかは企業によって考え方がありますし、年によって違うこともあるでしょう。中堅・中小企業にとって最も重要なのは、キャッシュフローであり、そこから導き出された稼がなければならない営業利益だと思います。ちなみに、私は経営計画ならびにそれと連動した人件費政策を策定するコンサルティングを行う場合も、この考え方から逆算して、必要な付加価値や売上高を決定していきます。この手法は後ほど詳しくお伝えします。

そして、営業利益、販売管理費、売上総利益、売上高、在庫回転率などの主要指標が決まると、各部門に分担されていくわけです。その分担するときには、さらにたくさんの要素が検討されます。部門間のやりとり（工場と営業部門、事業部間など）がある場合、社内レートをどうするか、本社間接部門の人件費をどのように負担させるかなどです。このように、目標数値を分担させるためには財務会計、管理会計を担当している部門が主幹であるべきでしょう。これは全社予算のコントロール機能である経営企画がふさわしいということになります。

次に各部門長は、部門責任数値を各人に割り当てていくわけです。もちろん、部門は多層になっている場合もありますので、部門分担を事業部→部→課といったレベルまで行う必要があります。この個人分担を行うところがまさしくマネジャーの腕の見せ所です。昨年実績から一律何パーセントアップなどというのは、マネジメントを放棄しているようなものです。市場環境、顧客の状況、ライバル企業の出方などを勘案して、部下に適切な目標値を分担させなければなりません（さらにこれまで述べてきたように「あなたのため」にしなければならないのです）。この段階になると必要とされるのはIT部門です。さまざまな過去のデータ（個人別推移、顧客ランクなど）がないと納得感のある個人予算は作成できないからです。そして、何とか個人予算ができ上がります。

そのころ、タイミングよくMBOがスタートする必要があります。マネジャーが個人予算を割り振って、後は勝手にという会社もたくさんありますが、本来は会社の方向性やそれを受けた部門方針と合わせて、数字予算を渡すことが必要でしょう。さらに、その数字予算を達成するための施策を企ててから「やるぞ！」となるのです。そのツールはMBOを置いては考えられません。MBOがタイミングよく行われないと、マネジャーはそれとは違った独自の管理手法でマネジメントを行うようになり、MBOは人事考課のためだけのツールとなっていくのです。

このように、MBOがスタートするまでにはたくさんの部門と関係者による作業が必要となってきます。特に現場マネジャーと経営層の間に立っていろいろと汗をかいてくれる存在が必要です。さて、先ほどの経営企画、IT、人事どの部門がふさわしそうですか？　実はMBOの難しさはここにあります。

私がコンサルティングを行った企業でもMBOをどの部署が主体的に取り組むかが曖昧になっていた場合が多くありました。そして、人事部主導で行っている企業の大半は、MBOを取り入れた背景が人事考課のためだということです。人事考課システムを作るというミッションが人事部にあり、そのツールとしてMBOを導入した。だから、当然、人事部主導でMBOを運用している。この当たり前のような流れが、MBOがうまく行っていない最大の理由です。

これまでも述べてきたようにMBOはManagement By Objectibes（目標による管理）で、現場のマネジャーのためのものです。しかも、制度というようなものではなく、Manage（～をなんとか成し遂げる）のための上司と部下の部活動のようなものだと思います。

学生の部活動には明確な目標があります。市大会でベスト４に入ろう。次のコンクールで優秀賞を取ろう。そのような体育系・文化系の順位目標でなくても、ボランティアで地域に貢献しよう。皆で楽しく遊ぼうなどをポリシーとしているサークル系のものもあるでしょう。まずは個人がやりたいことがあって、各部に入部する。そしてその部活動が目指す目標に向けて、指導の顧問や先輩・同僚と技を磨き合っていきます。その個人はバラバラな技術レベルであり、精神的にも強い者、試合になると萎縮して実力を出し切れない者などいろいろです。それでも、ある区切り（次の大会、一年後など）の間、一生懸命考えて活動しそれが終わるとまた次の区切りに向けて訓練していくのです。

そして、その訓練方法ですが、バレーボール部とバドミントン部では同じ体育系でも全然異なることでしょう。吹奏学部や囲碁部など文化系の部活動と体育系との違いはなおさらです。それなのに、同じ場所で、同じ指導方法で、同じ服装で、訓練ができるはずがありません。数学や社会などの勉強なら多少のレベル差はあっても、同一のしくみ（勉強時間やテスト回数など）でも可能でしょう。しかし、部活動は、絶対それではうまく行きません。MBO を人事部が主導で行っているというのは、さまざまな部活動に入っているクラスの生徒に対して、全員に担任の先生が教えているようなものです。

それでは、個人のやりたいことも部の目標も実現できないことは間違いありません。現場が主体的に行わなければならないのです。MBO のテクニックを書いた書籍はたくさんあります。また、シート例のサンプルもいつでも見ることができます。しかし、一番最初に考えなければならないのは、MBO をどこが主幹として行うかなのです。人事部が主導で行っているのは、人事考課のためのツールとして利用されたからです。もう一度、本来の目的に帰って現場主導のMBOに取り組みましょう。これが、マネジャーが人事制度を使いこなす第一歩です。

(6)　現場のマネジメント活動として機能させるには「職種特性」を考える

先述のようにMBOは部活動のようなもので、目標にも訓練にも部ごとの独自方法があります。これは、まさしく企業活動でも同じで、部門ごと、職種ごとに特性があります。もっといえば、KSF（主要な成功要因）があり、それを刺激するものでなければどんなに精緻に行っても効果は出ません。上司に叱られて、お客様にも文句を言われ、社内業務や会議で残業・休日出勤をしても成果が上がらないことはよくあります。もちろん、昨今のような未曾有の不況が原因でなんともしがたい面があることは事実です。その中でも、少しでも良い成果を上げるには、この部門ごと、職種ごとのKSFにこだわったMBOを実践しなければなりません。

部門ごと、職種ごとのKSFは、経営戦略ではよく語られることです。マッキンゼーでコンサルタントして活躍し、今なおビジネス書の売上げではトップクラスを維持している大前研一の『企業参謀』（プレジデント社）でもKSFの重要性が語られています。初版は1975年に出版されたものですが、今なお多くのビジネスマンに読まれており、戦略的志向を身につけるための書として、頻繁に推薦されています。その中に参謀五戒という考えの中でKSFの重要性が記述されています。

戒1＝参謀たるもの「イフ」という言葉に対する本能的恐れを捨てよ

戒2＝参謀たるもの完全主義を捨てよ

戒3＝KFSについては徹底的に挑戦せよ

戒4＝制約条件に制約されるな

戒5＝記憶に頼らず分析を

この本は、マネジャーのためというより、タイトルのとおり本社スタッフ向けのものかもしれません。それでも、マネジャーも本社スタッフも経営目標実現のために存在しており、自分で行動するだけでなく、部下や周りに働きかける存在であることに変わりありません。ですから、KSFについてだけでなく、上記の「五戒」はMBOについても非常に役立つのではないでしょうか。

本書は人事部が制度設計をするためのものではなく、現場マネジャーが人事制度を使いこなすためのものです。さらに、そのことによって、「並みの社員」を引っ張り上げて、総力戦で戦うことを目的としています。現場マネジャーが人事制度を使いこなすためには、人事部が教えてくれないこと（先ほどの例で言えば、KSFにこだわって活動する）を人事制度の中に取り入れなければなりません。そういう意味で、現場の業務知識だけでなく、経営戦略や会計について初歩的なことは勉強しておくことをお勧めします。人事部は専門的な業務に追われているためか、経営戦略や会計に関する知識・経験・アイデアを十分に活用しているとはいえません。先ほどの「参謀五戒」ではありませんが、経営戦略や会計の基本的なものの中には、人事制度、特に MBO を使いこなすヒントがたくさん含まれています。逆にいえば、それが足りないから現場で MBO が機能しないといっても過言ではありません。

さて、次からはさまざまな手法を MBO に取り入れ、職種特性に応じた目標設定のコツについて述べていきます。

(7)　営業向きの確率検討型

まずは、営業向きの手法を検討しましょう。ごく一般的にいわれているのは結果系指標と先行系指標を分けて考えるというものです。結果指標とはその活動の結果、最終的に目指す数値のことで財務諸表に表れるものが多いでしょう。モノを販売する会社であれば、売上げや粗利を指します。そして、そのための先行指標として、新商品配下数（新商品を得意先に導入した数）、得意先訪問件数などをあげて、これをまずは達成させるという手法です。

結果系指標は「出た結果」、先行系指標は「出す結果」といい換えると分かりやすいでしょう。売上げや粗利は、さまざまな要因で達成できないこともあるが、新商品配下や得意先訪問は個人の活動で必ずやらなければならないという意味です。結果系指標をKGI（キーゴールインディケーター）、先行系指標をKPI（キーパフォーマンスインディケーター）と呼ぶ場合もあります。

この考え方は、業績管理の王道で、まさしく先行系指標を管理することで、さまざまな打ち手を考え出すことができます。ダメな会議の最たるものは結果系指標である売上げや粗利だけを取り上げ、「何で、行かないんだ！」と渇を入れて「頑張ります！」と応えさせるものです。それよりは、「なぜ配下が進まないのか。それは旧商品との入れ替えがうまく行かないのか？　他社にシェアを奪われているのか？」と言った議論をすることで、対策も見えてきます。

しかし、私がコンサルティングで現場に入り込んで見てみると、この結果系指標と先行系指標の管理だけでは、うまくいかない場合が多いことが分かりました。そこには、やはりKSFという考え方が乏しいからです。売上げや粗利に、配下数や訪問件数は関係があるでしょう。それでも、もっと他になすべきことがあるのではないか。しかも、それは売上げや粗利にどの程度関連しているのか、当社・当部門・当個人にとってそれはどの程度強み（弱み）なのかということをもっと、検討する必要があります。結果系指標、先行系指標を設定するときに、そこまで検討されていることはまれで、何か昔からセットになっているかのようです。

そこで、営業系の場合、商談の流れとその確率を徹底的に考える必要があります。これは、QC サークル（品質管理活動）で、何十年も前から行われていたことを営業プロセスに取り入れたといえるかもしれません。

下記の図（図８）は、ある食品卸売業者の一支店で実際に使ったものを参考に作成しています。この会社では引き合いから納品にいたるプロセスの中で、受注率（見積もりを出した件数に対する受注した件数）が他の支店に比べて非常に低いことが分かりました。しかも、問題は３年間の推移を調べ

図８　営業プロセスを確度で見る

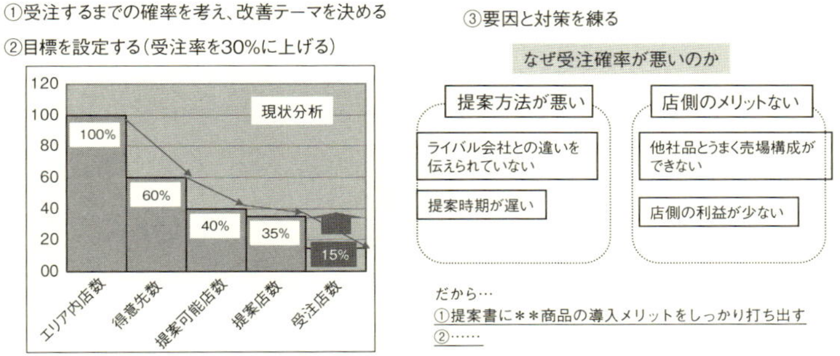

④個人評価シートへ反映（行動計画を修正します）

重点課題	達成基準	行動計画（対策立案）	実施期限	行動確認					
				４月	５月	６月	７月	８月	９月
＊＊商品拡販	受注店割合 １５％→３０％	①ライバル会社品の調査	５月	×	○	○	×	×	○
		②比較表の作成	７月						
		③提案書に盛り込む	９月						

てみると年々下がっているのではないかということです。もちろん、古いデータに関しては記憶に頼る部分も多いのですが、この考え方を導入する前は、ほとんどのメンバーが明確な認識を持っていませんでした。この受注率を他の支店並みに上げれば一挙に売上げは1.5倍になってしまいます。受注率を上げるということが、この支店のKSF（主要な成功要因）だったのです。

やはり、問題解決というのはすべてが「認識」から始まります。「認識」を持つためには、そのことに関心がなければなりません。今までは、「営業の流れと確率」ということに関心がさほどなかったので、問題が見えてこなかったのでしょう。

次は、なぜ受注率が上がらないのかを深く深く考え抜きます。先ほどの例で言えば、提案方法が悪い、店側のメリットが少ないという意見が多く出ました。発想法の解説は、最近たくさんの良書が出ているので、それに任せるとしますが、大まかには二つのアプローチがあると思います。

一つはブレーンストーミング的に考えられるだけの意見を述べて、それを集約していく。いわゆるKJ法的なもので、ボトムアップ型アプローチと言えます。もう一つは、恐らくこういうことだろうと先に主たるテーマを決めて、それを裏付ける事象を洗い出していく、トップダウン型アプローチです。

この例では、ボトムアップ型アプローチでさまざまな意見を述べてもらい、「提案方法と店側のメリット」という大きなテーマに集約していきました。提案方法の中に店側のメリットも含まれるのですが、その集約のテクニックは問題ではありません。普段得意先を回っていて、同じようにこなすだけの仕事になりがちな思考をかき回す効果は絶大です。

そこから導き出されたアクションは①ホップ→②ステップ→③ジャンプの順に記述します。これも重要な思考方法です。この例でいえば、○○商品を拡販し売上げを達成するためには、現行の受注率15％を30％に上げなければならない。受注率が15％で留まっていた要因は「店側のメリットを訴求した提案ができていなかったからだ」。ここまでは、脳みそを刺激しながら、悪戦苦闘のうえ、たどり着きました。それで、「どうするの？」という肝心のツメで失敗することが多く見られます。

その失敗には大きく分けて二つあります。一つは結局これまでと同じことしかしないというものです。例えば、「訪問件数を増やす」とか「サンプルを配る」など、まったく先ほどの分析が活きていません。もう一つは逆に、ハードルが高すぎるアクションになっているものです。例えば「ライバル企業との比較を盛り込む」、「展示会でプレゼンテーションする」など、いくつもの最終ゴールが並列的に書かれているアクションです。そこにたどり着くのが大変で、どれもやらなかったということになりがちです。もちろん、すべて実行できるにこしたことはありませんが、「並みの社員」に対するアクションとしてはハードルが高すぎるのではないでしょうか。

そこで、①ホップはすぐ始められそうなことを記述します。何でも最初の一歩を踏み出せば、後は何とか進んでいくものです。この例では「ライバル企業商品の調査」をあげました。実際に店頭に行って、どんな商品が並べられているのか、POP（店頭販促物）は、どのようなセールスポイントをアピールしているのかなどを調べてくればよいのです。

「こんなこと当たり前じゃないか」と思われるマネジャーは自分のコミュニケーションスタイルを変えたほうがよいと思います。「並みの営業社員」は、得意先を回っても、まるで「できるだけ早く帰ったほうがよいと思っているのでは？」というほど、売場を見てきません。私は営業マンに同行して、一緒にお客様を回ってKSFを探ることをします。私がいたからではなく、普段の営業振りもそうだろうと思うのですが、「キーマンに会う、売場をじっくり見る」などよりも、伝票の授受や納品などだけ、さっさと済ませて、帰ってくる営業マンは実にたくさんいます。ひどいのになると、「店の看板を見ただけで、その日の訪問件数に入れることもある」と言っていた営業マンもいました。

①ホップ（すぐやること）→②ステップ（次にやること）

→③ジャンプ（このアクションの成果物）という思考でまとめることは非常に効果が高いのです。①ホップはすぐに踏み出せることですから、これを勢いよくやることが必要です。人間の執着心というのは時間とともに衰退していきます。毎年、新年を迎えるに当たり「今年こそはこれにチャレンジしよう！」と心新たに誓いますが、１週間も経てばすっかり忘れてしまうという経験は誰にでもあるでしょう。最初の一歩を踏み出すことができれば、後は②ステップを踏んでいくことができます。例えば、競合品の価格や販促手法、売れ行きなどを店頭で把握して、それを上司や仲間に報告したとします。「他の店ではこんな売られ方をしていた」、「こっちの店では当社の商品のほうが評判がよかった」などの話になり、また、それはなぜか？を考えることで、次のアクションにつながっていきます。そして③ジャンプである成果実現の状況までやり抜くのです。このように執着心が欠如しないうちに、矢継ぎ早に動くというのは、進捗管理で重要なことです。後ほどの「進捗を診る」ところで詳しく記述します。

営業向きのMBOについて、従来の解説とは少し違う切り口で考察してきました。売上げや粗利数値を分担して、「さあ、やれ！」と号令をかけるだけでは、もちろんうまくいきません。また、結果系指標（出た結果）と先行系指標（出す結果）に分けて診ることは、議論の焦点が先行系指標（出す結果）にフォーカスされれば、さまざまな打ち手を検討することができて有効です。しかし、その先行指標が本当に結果に結びつくものなのかどうかが意外に見過されています。また、結びついていたとしても、それが主要（重要）なものかどうかをもっと議論すべきです。解決しなくてもよい課題に振り回されることが一番もったいないことです。

そこで、KSF（主要な成功要因）にこだわることが、マネジャーがMBOを使いこなす要諦となるわけですが、特に難しいことではありません。普段の仕事の流れをイメージしてその確度を計ってみることができればよいのです。正確さが要求されるのではなく、現状ボトルネックとなっている部分とその要因を把握することが目的ですから、確度の測定はある程度アバウトでも構いません。まずは、営業にも生産工程と同じような流れがあり、そこには必ずボトルネックとなっている部分があるという思考でMBOに活用してみてください。また、それを解決するためのアクションは「並みの社員」が一歩を踏み出すことができるように指導してください。これで、MBOシートは人事部のためのものではなく、マネジャーがいつも壁に貼って新たな作戦を考えるための戦術書となるのではないでしょうか。

(8) 事務・企画向きのプロセス分解型

次に、事務・企画職向けのMBOを検討しましょう。実はこの事務・企画部門へMBOを導入するべきかどうかをよく検討しなければなりません。先ほどの人事考課のためのMBOということですと、この最も重要なことをよく検討しないまま、すべての職種に導入することとなります。では、営業部門と事務・企画部門では何が違うのでしょうか？

本来のMBOとは何かということに立ち返らなければなりません。Management By Objectibes & Self Contololl「目標による管理と自己統制」。これまで、述べてきたように管理という部分は「～をなんとか成し遂げる」と訳したいところです。そうすると営業とそれ以外で分けて考えるとすれば、目標そのものにフォーカスしなければなりません。

「営業の目標と事務・企画部門の目標では何が違うのか？」当たり前のようですが、しっかり検討されたうえで、MBOに活かしている企業はほとんど見たことがありません。大きな違いは数値目標が先か、やることが先かということだと思います。結果系、先行系指標のところでも述べましたが、営業は数値が先です。どんなに質の高い仕事ぶりだったといっても数字を上げないことには周りもなかなか認めてくれないことでしょう。やること（施策）は数字を達成するためのものであくまで手段です。この施策を軽んじてよいということではなく、あくまで数字を達成できるものかどうかが焦点です。この施策で本当に効果があるだろうか、例え効果があったとしても、まだ目標値には届かないのではないだろうかなど、すべて数字を起点に考えなければなりません。

ところが、事務・企画部門というのは、実は逆なのです。まずはテーマ（やるべきこと、時にはやらざるべきこと）を発見することが最も重要です。そして、そのテーマが実現した状態を数字で表現するということなのです。例えば、人事部教育担当者が「管理職教育にコーチングを取り入れる」をテーマに掲げたとします。それがうまく行った状態が「管理職の研修参加率」なのか、もっと先の「管理職から経営職への昇格人数」なのか、「管理職への360度評価結果」なのかというところです。さらに、なぜコーチングを取り入れるのかという問題把握が必要です。

これを主従逆転しているMBOがほとんどです。営業向けの数字ありきの考え方（≒フォーマット）ですので、先に指標を決めるようになっています。「管理職の研修参加率」ありきであれば、恐らく最も効果が高い施策は、管理職の人事考課へ反映することや、休日に実施してそこへ経営幹部の講義などを取り入れるといったことになるでしょう。これらは研修を企画するうえで考慮しなければならないことではありますがあくまでサブ的な問題です。

参加率ありきではなく、現在の「当社の管理職」は上司と部下に対してどのような働き方をしているのか、顧客に対する存在価値は何か、ライバル企業のレベルと比較してどこが足りないのかなどをじっくり検討します。そのうえで、「コーチングを取り入れれば、部下のモチベーションも上がるし、

図９　DMM（ダイヤモンド・マンダラ・マトリックス）

１．現行商品の分析	２．必要アイテムの決定	３．コンセプト固め
８．売れ行き調査	〈商品企画〉	４．レシピ作成
７．営業資料作成	６．パッケージデザイン	５．試作・検討

現在のわが社に欠けている部分だ」と気づくことが最も大切なのです。

この「気づき」に関しては、事務・企画向けのよい考え方があります。ある企業で人事考課の対象職務を組織別に洗い出すという作業がありました。商品企画部を例にとると、市場調査や展示会出品といった大きな括りから、それらの細目であるサンプル手配、POP作りなどといった小さなレベルまで出てきて収集がつかない状況でした。結局、何を評価の対象とすべきか（これこそKFSという視点が重要）で見直して、形にすることができました。

しかし、これから紹介するDMM（ダイヤモンド・マンダラ・マトリックス）（**図９参照**）という手法を使えば、鳥の目・虫の目で事務・企画部門の業務を見ることができます。考え方はいたってシンプルです。以下に、この商品企画部を例にとって手順とコツを紹介します。

■手順①仕事のプロセスを洗い出す

まずは、仕事を俯瞰してみるということが重要です。この目的はあくまでも仕事を通じて上司と部下がコミュニケーションを深めることですから、職務分析に用いるための緻密な過程は必要ありません。また、現状の仕事ではなく、あくまでも「あるべきプロセス」を考えていくことが重要です。この過程でBPR、ビジネスプロセスの見直しへのヒントになることもあると思われますが、今回のテーマと外れるので記述は避けることとします。

この「マンダラ」で整理することに大きな意義があります。マジカルナンバー・オブ・セブンといわれるように、人間が一瞬のうちに把握できる対象は7±2程度でしょう。このマンダラは中心にそのテーマを記述して、周りの8個の枠の中にそのテーマを分解した内容を記述しなければなりません。分解された1項目を次のマンダラでは真ん中に記述して、さらに8個に分解していくのです。

図9の例でいえば、1階層目では、「商品企画」という仕事を真ん中に置き、「1．現行商品の分析」～「8．売れ行き調査」までに分解しました。基本的にはP→D→C→A＋人材育成といった観点で記述すれば網羅性が担保されると思います。さらに、「1．現行商品の分析」を「1.1＊＊＊」～「1.8＊＊＊」まで分解していきます。

ここでは、職務とか課業とかいった職務分析用語を使うのではなく、純粋に仕事のプロセスとして、現場管理者が部下と話しながら作成していくことがポイントです。

また、あくまでも仕事を俯瞰で見ることが目的なので、基本的には各仕事（職種）で２階層までの記述で十分です。各階層で９個以上出てくるようであれば、そのレベル感から見て、次の階層に下ろしたほうがよいものをピックアップして、無理にでも８項目に揃えてみましょう。

■手順②強化すべきプロセスを発見する

次に、うまくできていない（やっていない）プロセスを発見してみます。これまでも述べてきたKFS（主要な成功要因）の発見です。もし、なにもそのようなプロセスがないのであれば、その組織自体の存在意義を問う必要があります。仕事はさまざまな部署や関係者との協働作業です。そこには必ずボトルネックがあるハズです。特に、本章は「並みの社員」を動かすのに、いかにMBOを活用していくかということがテーマですから、うまくいっていない仕事は必ずあります。

また、ここでは、同じ「並みの社員」でもレベル感という話が出てきます。マネジャーとしては、人事部と連係して職種別の等級基準を見直すよい機会です。

例えば、「５．試作・検討」は、下位の等級であれば、「上司の下に準備を進める」というレベルでしょう。管理職一歩手前の上位等級者であれば「調査対象者の選定からデータ収集まで単独で行う」というようなレベルが求められるかもしれません。

個人ごとに、レベル感も考慮した、うまくできていないプロセスが分かれば、なぜうまくできないのか、どうすればうまくできるのかが見えてきます。例えば、「6．パッケージデザイン」において、ある「並みの社員」は自社のターゲットよりも年齢が低い層ばかりねらっていて、高級感が物足りないといったことがあるでしょう。また、他の者は季節感の演出が悪いといったようなことかもしれません。

どのうまくいっていない部分を改善するのか？　これこそが、事務・企画部門の目標設定です。無理やり指標を設定して、それを追いかけても意味がありません。

(9)　物流・作業部門の時間分割型

先ほどは事務・企画部門の鳥の目（俯瞰）で業務全体を見渡し、虫の目でKSF（主要な成功要因）を見つけることで目標を設定するコツを話しました。物流部門ではどうすればよいのか？そのポイントは業務サイクルにあります。私は、コンサルタントになる前に、事業会社で営業・経営企画・管理会計・情報システム・物流と幅広い業務改革を行ってきました。コンサルタントというのは比較的若い段階で入社する人が多いので、実際の現場業務には精通していないことがあります。特に物流という部門は専門のコンサルタントは多いものの、戦略・人事・会計・マーケティングといった領域のコンサルタントにとっては門外漢なこともあるでしょう。

しかし、中堅以下の専門商社（いわゆる問屋）にとっては、得意先から評価を得るための最大の武器となることがあります。私がある商社で改革に当たったときは、まさに「宝の山」といった感じでした。売上高に対して、５％以上かかっていた物流費を品質レベルを下げることなく４％以下にすることができました。その商社は売上げ100億円前後でしたから、ほんの少しの工夫で１億円が生まれたのです。

専門商社の営業利益率は１～３％といったところがほとんどですから、営業利益が倍近くになってしまいます。限界利益率（売上げから変動費を引いたもので、その商売の儲け）も10％程度ですから、売上げに換算しても10億円以上です。これほどのインパクトを持ちながら、物流部門の人は毎日同じ作業の繰り返しで、とにかく時間どおりに出荷することに意識を奪われています。

もちろん、出荷できないなんてことがあってはいけませんから、自社で行うにしろ、アウトソーシングするにせよ、ピークに近い出荷量を想定した人的・物的資源を持つことはやむをえません。だからこそ、彼らは実は余裕のある時間（出荷が少ない日）もあるのです。この余裕のある日の過ごし方が

図10　業務を時間単位で見てみる

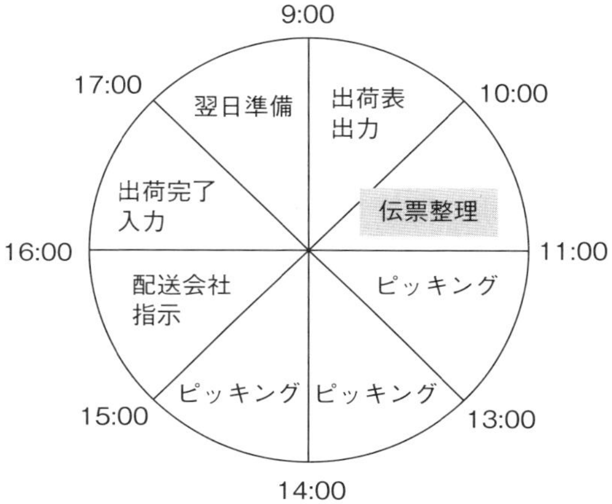

宝の山を発見できるかどうかの分かれ目です。そのためには、**図10**のように日時で業務を見てみることが必要です。事務・企画部門が1年間の業務をマンダラ形式で分解したのとは違って、物流部門は1日を時間単位で分解してみることで、KSFが見えてきます。

この会社では、ピッキングを少しでも早く行えるようさまざまな工夫をしてきました。倉庫のレイアウトを変えたり、IT部門と連携して出荷指示書を見やすくしたりで、時間当たりピッキング数はかなり改善してきたのです。そして、もう改善することはないかのように思われていました。

ところが、実際の時間配分を見ると、伝票整理に1時間をかけており、これを短縮すればピッキング時間そのものを増やすことができます。そうすればピークへの対応力も上がり、残業時間の削減につながります。このように物流は時間との戦いなのです。ですから、事務・企画部門のように時間という概念を持たないマンダラ型の業務分解ではKSFは見えてきません。まずは、一日の時間のウエイトを把握することが必要です。

そして、伝票整理に目をつけたなら、伝票整理を中心としたマンダラで伝票整理業務を分解するとさらに改善テーマが見つけやすくなるのではないでしょうか。この企業では、抜本的な見直しをすることなく、IT技術に従順でした。物流で出力される帳票類は、①ピッキングリスト（どこのロケーションから何をいくつ出荷すのか）、②納品伝票（どこのお客様に何をいくらで納めるのか）、③送り状（どこの運送会社を使ってどこへ納品するのか）が主なものです。実はこれらの帳票類には非常に企業特性が現れます。

①ピッキングリストであれば、種まき式（まずは当日出荷される商品すべてを取り出してきてから顧客ごとに分ける）と刈り取り式（顧客ごとに必要な商品を取り出してくる）で全然異なります。さらに、同じ刈り取り式でもロケーションが近いものからリストに並べばピッキング速度は上げられます。②納品伝票であれば顧客に指定される場合があり、これもさまざまな種類を用意することが多いのです。

この企業では、刈り取り式で作業を行っていたのですが、

②の納品伝票に問題がありました。最近は大手小売業、チェーンストアとの取り引きが増えてきたので独自様式が増えていたのです。当社仕様の納品伝票でよければ、①ピッキングリスト、②納品伝票、③送り状をひとまとめにしてすぐにピッキングにいくことができます。しかし、②が得意先指定の専用伝票であれば、それに出力するか転記しなければ得意先が受け入れてくれません。

小さなことのようですが、物流部門にとってはこれが非常に伝票整理時間を増やす要因なのです。最初は1件だけの大手得意先からの注文だったので、一度自社の納品伝票で打ち出されていたものを手書きで相手先の納品伝票に転記していました。それが当たり前のようになって、今では全体の10%を超える取り引きが専用伝票打ち出しになっていたにも関わらず転記作業が続けられていたのです。

本来は、IT担当者に交渉して、得意先伝票のフォーマットに合うように出力レイアウトを変えることが必要です。さらに、途中でプリンターにセットする伝票を入れ替える（自社納品伝票→得意先専用伝票→自社納品伝票）のは時間がかかるのでどちらかを先に出力するようにします。もちろん数件の専用伝票先に対応するため、そういった得意先専用のプリンターを用意することも効果的です。

たったこれだけの工夫で飛躍的に伝票整理時間は減ります。では、なぜ、物流部門の人たちはIT部門にもっと早く交渉しなかったのでしょうか。一つはIT部門のタコツボ化という問題があります。専門的で何かをお願いするとすぐ費用が発生したり難しいと言われたりするというものです。これはこちら側のITアレルギーと負の相乗効果を発揮して、ますます疎遠になっていくのです。

問題は、先ほどのアイドルタイム（暇な時期）と繁忙期の関係にあります。ある程度繁忙期に合わせてパート・アルバイトを確保しています。ですから、閑散期における先ほどのアナログ的な伝票整理方法は、実は貴重な労働だったのです。もちろん、繁忙期にはそのせいで残業が発生していましたが、それも収入が増えるという意味では悪くありません。

ここ10数年で駅改札の自動化やICカードの普及で、駅職員の仕事内容に大きな変化が訪れました。サービス系の関連企業へ転籍となり、なかなか仕事になじめないという方の声を聞くこともあります。このように効率化はある層（特に現場作業系）の仕事を奪います。ここに物流部門のMBOのさらなる難しさが潜んでいます。

その解決策は付加価値の高い仕事を同時に見つけておくことです。それこそがマネジャーがMBOを使いこなすうえでの最大の仕事かもしれません。だれでも、同じ作業をするなら少しでも会社の役に立ちたいとは思っているはずです。「この伝票転記という仕事をしなくてもよくなったら、次はこっちの仕事にぜひ取り組んでほしい。次の仕事はこんなに会社に役に立つんだ！」といえることが必要なのです。

この会社ではそれは、商品の期限管理でした。商品はもちろん新しいものを届けることが必要ですが、古いものが残り、それが有効期限を越えてしまうと廃棄ロスになってしまいます。そこで、物流部門の人たちは空いた時間に商品の鮮度をチェックし、有効期限が切れそうなもののリストを作ることにしました。そのリストは営業マンが顧客に特価商品として商談に持参するためのものです。期限が切れそうなだけでなく、多少包装が痛んだものや得意先から返品になったものなど、廃棄ロスになる前に少しでも販売できるような工夫を物流部門発信で行うことにしたのです。

このリストは貴重なものでした、この企業では、コンピュータ上で見る在庫リストでは、そこまでは把握できませんでした。営業マンは毎日顧客対応で忙しく、倉庫まで来て商品をチェックする時間がありません。毎日商品を目で見ている物流マンの手づくりリストの価値は非常に高いものだったのです。

物流 MBO 成功のポイントは、時間単位で仕事を捉える→効率化すべきポイントを押さえる（KFS）→同時に新たな付加価値の高い仕事を見つけるということです。

⑽ 進捗管理という表現を止めよう

MBO の難しさが会社の目標と個人のキャリアデザインが

合わないことにあると述べました。本当に「あなたのため」になっていないと現場は動き出しません。これは小学生の子供から不惑の40代まで根本はそうです。実は年齢を重ねるとこの傾向は強くなるような気がしています。私自身が40代半ばを迎えようとしています。「やらされ感」などという言葉は子供かせいぜい20代の若者が吐くものだと思っていました。本書は、私がどうしても専門領域である人事制度で「並みの社員」を活性化させたいとの想いから執筆が始まりました。毎日、コンサルティングの合間を縫って1,000字は書き続けるという意思のもと出版に至ったわけですが、一度も上司の進捗管理にあったことはありません。

それでも、書き続けられたのは私がやりたいことだったからです。よく、「仕事なんて、やりたいことばかりではない！」というマネジャーの声を聞きます。でも、経営者のほうは意外とやりたいこともやっています。この、「も」が大切なのです。確かにやりたい仕事だけやっていたら会社は回らないでしょう。でも、やりたい仕事もやらなければ「自分が回りません」。

ですから、MBOのテーマの中には自分のやりたいことと一致するものを一つは入れてください。そのうえで、この「進捗管理」というイヤな言葉は廃止します。このあたりにもマネジャーがMBOを使いこなすコツがあります。人事部が人事考課のためにMBOを導入し、いまだ、主導権を発揮

図11　成長へのステップシート

強化すべきプロセス	計画（P）	気づいた改善（A）		実施スケジュール					
				4月	5月	6月	7月	8月	9月
1.1見込み客リストの作成	①ターゲットの属性把握 ②リスト入手方法を検討する ③リストUP	確立を仮定しないと必要リストアップ数が分からない。 リストを増やすのか、確立を上げるのかで施策が異なる。	行動（D）	この表の説明を受けただけで終わってしまった。	ターゲットがそもそもどこなのか、企画担当者とディスカッションできた	ターゲットに合ったリスト化をするために、「不動産購入のポイントセミナー」を開くことになり企画した	セミナーを実施して、来場者をリスト化することができた		
			効果・問題（C）	特になし	企画担当者は、ライバル企業との差別化を必死に考えている	セミナーに講師が居ない	来場者100名のうち、50名が今後の訪問を承諾してくれた		
			自己評価	×	△	△	○		
			行動（D）						
			効果・問題（C）						
			自己評価						
			行動（D）						
			効果・問題（C）						
			自己評価						

できていないとしても、途中経過の把握と対策は、まさしくマネジャーのものです。

そこで、私は進捗管理フォームではなく、「成長へのステップシート」というMBO目標設定・評価シートと連携した別フォーマットを使うようにしています。

その中身は**図11**のようなものです。例えば、事務・企画型MBOで発見した強化すべきプロセスについて、毎月、どのように計画（P）し、実際はどう行動（D）したのか、効果・問題（C）は何で、次月以降どうしていくのか（A）を愚直に話し合うのです。そうこうしているうちに、今月は効果がありました、○です。という月が必ずきます。もしこなければ、それは「並みの社員」の問題ではなく、上司の力量不足だと認識すべきです。

⑾　どうやって成長の軌跡を追うか話し合おう！

目標設定というのは、これまで述べてきたように非常に骨の折れる作業です。目標設定というより、目標創造というようなクリエイティブな面もあります。大半のマネジャーは、ここまでで自分の仕事は終わったような錯覚になってしまいますが、忘れてはならないことがあります。

それは、執着心の漸減現象です。三日坊主などとよくいわれますが、最初に何かをやろうと決めても、何もしないとだんだん気持ちが冷めていきます。それでも３日続くと、後は続けないと何やら気持ち悪いので長続きするということは、多くの方が経験済みだと思います。私の場合は、書籍を購入した日は読みたくてしょうがないけれど、本棚にしまってしまうとそのままになるという傾向があります。

これは、MBOを使いこなすうえでマネジャーが忘れてはならないことです。目標設定した段階で先述の成長へのステップ（世間では進捗管理）をどのように計っていくのかを決めなくてはなりません。さらに、その第１回目をできるだけ早めに行うということです。

そのやり方には、会議形式と個別ミーティングがあります。会議形式というのはいうまでもなく、メンバー全員が集まって、状況報告やその対策を話し合うものです。「会議のうまい進め方」を書いた書物がよく売れるように、なかなか効果の高い会議は開催されていません。詳細はそのような書物等に譲るとして、私が人事コンサルタントとして、また、マネジャーにMBOを使いこなしてもうらために言いたいことは、「プレゼンテーションさせろ！」ということです。

せっかく、目標創造段階で必死に考えた目標値やその実現策なのに、進捗を診る段階では、おざなりな報告で終わっているものが非常に多いのです。もっといえば、会議のときにMBOシートを持参しないで、まったく別の帳票で会議が行われています。これでは、MBOが形骸化して人事考課ツールとなることもやむを得ません。そうではなくて、マネジャーが **「何とかことをなしとげる」** 活動でなければならないのです。

ですから、メンバーにも「これだけうまく行っています！」とお披露目するステージが必要なのです。そして、そのステージが月次で行われる会議なのです。マネジャーが自分で作成した管理帳票を基に、部下に結果を報告させ、何かコメントをさせるという会議をよく見ます。これは最悪の会議形式です。

お披露目のステージなのですから、プレゼンテーション資料は部下に創らせるべきです。すべての営業マンは資料づくりが下手だとか、そもそも必要ないというのは嘘です。提案営業ということをよくいわれますが、自分の成果すらプレゼンテーションできないのに、顧客のニーズ（ほとんど気づいていものも含め）を押さえた提案などできるはずがありません。また、どんなによい中身だとしても、その良さを伝える技術がなければ効果は上がらないでしょう。営業だけでなく、スタッフ部門であっても他部署に働きかけて仕事をするわけですから伝える技術は必要です。これからはプレゼンテーションの時代です。進捗を計るときは自らプレゼンテーションさせましょう。

次に個別ミーティングについて考えて見ます。皆を集めて検討するのは月次が精一杯だと思いますが、個人別にはいくらでも時間の取りようがあります。部下と同行したとき、昼食を共にしたとき、時には個人別に必ず週に１回は始業後５分程度話すというやり方でもOKです。本書は一般的なマネジメントについてのものではなく、マネジャーが人事制度を使いこなすという視点ですから、そこにフォーカスしたミーティングの方法を考えて見ます。

人事制度はそもそも何のためにあるのか？　さまざまな考え方がありますが、「人材の質を上げる」ためのものであるということに異論はないと思います。そうであれば、ミーティングの内容もそこにフォーカスすることが有効です。もちろん、そのためだけの個人ミーティングではなくても構いません。営業であれば得意先に何か問題は発生していないか、研究開発部門であれば、今進めているテーマの状況を確認するということで構いません。その際に「何か新しい気づきがあった？」と聞いてみてほしいのです。

「気づきがあった？」を問われ続けると、そういう視点で物事を見るようになります。これは人事制度、特に本章のテーマであるMBOととても深い関係があります。よい目標設定ができない大半の理由は、何気なくルーチン業務をこなしてしまうことにあります。本当は目の前にたくさんの宝の山が落ちているのに気づかないのです。その気づきがMBOでの目標や施策になるので、管理部門であってもMBOは成り立つのです。先述の管理部門のマンダラ方式は、網羅性や重要度の検証という意味で有効です。それでも、気づきがなければよい施策は浮かばないはずです。

また、この問いかけは、本書のもう一つの重要テーマである「並みの社員」にMBOを使わせるためにとても効果的なのです。できる人は、常に自分は昨日より成長したかを自問自答するクセがあるように思います。しかし、「並みの社員」には、そこまでの成長心はないことが多いでしょう。最近はスローな生き方が流行っているようです。私もスローでも一向に構わないと思いますが、成長しない人生は面白くありません。

さて、「この成長の軌跡を追う」ための最後のコツをお教えしましょう。それは楽しみながら行う工夫をするということです。具体的には、何かのミスを減らすという目標を立てたとします。皆さんはどういう方法を取りますか？

Ａ：ミスの目標値を立てて（例：10個以下）見ていく。

Ｂ：ミスを起こさなかった日を数えて増やしていく

Ａであれば、毎日ビクビクしながらミスの数をカウントします。時には隠して報告し、それでも10を超えてしまったら後は一挙にモチベーションがダウンしてしまうでしょう。

ところが、Ｂであれば、毎日ワクワクしながら日数を足していき、増えれば増えるほどミスを起こしたくなくなります。皆でミスをなくすよう話し合いも行われるかもしれません。それでも起こってしまったとしても、また一から積上げていけばよいのです。

⑿　評価ではなく、指導・育成を行う

マネジャーは評価とは何のために行うのかを真剣に考える必要があります。人事部が評価を行うのは、賃金の上げ下げや昇進・昇格など人事制度の運用のため、機械的に行う面もあるでしょう。賃金や昇進・昇格者用のポストは限られているので、Ｓ・Ａ・Ｂ・Ｃ・Ｄの標語をつけて相対化する必要性もあるでしょう。

マネジャーがMBOを使いこなすうえで、人事部との相容れない制度面のことに触れておきます。マネジャーは自部門の目標達成と個人のキャリアステップをうまく関連づけながら目標創造させます。期中にも面談を繰り返し、それを後押ししていきます。そして、何とか全員が目標達成にこぎつけ

ました。その場面で、相対化を必要とする人事部から、あなたの課ではＳ・Ａ・Ｂ・Ｃ・Ｄを20％ずつ分布させてくださいといわれたらどうしますか？　10人の課だとして、最低２人はＤをつけなければならないのです。

「俺はお前を認めているが人事部の指示だから勘弁してくれ」などということができるでしょうか。せっかく、「並みの社員」が目標を見出し、それに向けてマネジャーと二人三脚で歩んできた苦労がすべて、台無しです。マネジメント（～を何とか成し遂げる）が目的であれば、こういう人材にはしっかりＡ評価を与えるべきです。

それでも、人事部は他の課とのバランスがとれず、そんなマネジャーの熱意を認めてくれないことでしょう。そこで、マネジャーと人事部が双方とも納得のできる結論は、一つしかないと思います。それは、賞与にMBOを反映させているのであれば、原資を切り分けて与えてもらうということです。例えば、今回の賞与支給が基本給×２ヵ月平均だとします。その場合、自部門の基本給合計額の２ヵ月分を他部門と切り分けて原資を確保します。そうすれば、全員にＳをつけようが、Ａを中心に分布させようが、他部門への影響はありません。会社全体の原資を２ヵ月と固定している場合、原資の切り訳をしなければ自分のメンバーに上ブレの評価をつけると他部門の賞与支給に影響が出てしまいます。会社全体の原資を固定していない場合は、会社全体の原資が増えてしまいます。

もちろん、このような賞与制度の変更はきちんとした手続きを踏む必要があります。従業員や組合との協議も大切です。マネジャーと人事部の方に分かってもらいたいのは、絶対評価をあきらめないでほしいということです。MBOを人事制度として活用する場合は、本来の目的に合わせて絶対評価を行うべきなのです。そして、このように原資を部門で切り分けるしくみであれば、それが可能ですから一度検討をしてもらいたいと思います。

少し話しがそれましたが、本題の指導・育成について話します。上司が評価を行う前に、自己評価をさせることが多いようです。マネジャーが診なければならないことは、自己評価が適切かどうかではないということです。私はこれまで、上司が部下を評価した後のMBOシートを千枚以上見てきました。MBOシートは部下の活動計画書という面はもとより、上司のマネジメントスキルを把握する一つの材料なのです。

例えば、上司の評価欄に「部下の自己評価は適切」というものがあります。ある商品企画担当者の目標が「高齢者向け商品の開発」で展示会時に1億円の受注という達成基準だとします。自己評価で「受注額8,000万円、B」と記述されています。テーマごとに上司のコメント欄があるのですが、そこに「適切な自己評価」と記述されているのです。これはまさしく人事のためのMBOになっている最悪の例です。Bという自己評価が適切かどうかが重要ではないのです。

この場合、上司のコメントには「なぜ達成できなかったのか」と「今後どうしていくのがよいのか」に関わる指導・育成内容が記述されていなければなりません。すべて教えるということではなく、自分で考えさせる指導・育成方法もあるでしょう。例えば、「営業マンへの事前説明が足りなかったのではないか」、「作るだけではない広い視点で商品開発を考え直してほしい」というようなコメントもよいと思います。

もし、「そんなに詳しく記述する欄がない」ということであれば、人事部に働きかける絶好のチャンスです。別資料でもよいのできちんと指導・育成内容を残すようにしましょう。その際には、上司のコメント欄だけでなく、自己評価欄の充実も必要です。うまく行ったことも行かなかったことも「自分でその要因を考えてみる」ことが成長を早めます。さらにその要因を踏まえて「だから次にどうするの？」というところまで記述できれば最高です。「次にどうするの？」が次期の目標創造につながっていくのです。進捗管理ではなく、成長のステップシートだという話をしましたが、このような要因分析が積み重なっていけば、その価値は高いでしょう。アナログですが一人ひとりにファイリングさせて、時折、振り返ってみることは非常に有効です。毎年、毎年、同じテーマを同じような施策で目標設定する者が多いと先述しました。この成長の履歴ファイルを見直せばそんなことは恥ずかしくてできません。

このようなサイクルが回っていけば、期首の目標設定時に時間がかかったり、効果の少ないと思われるものが部下から上がってきたりすることはないでしょう。期末の面談は標語を付けるために行うのではないのです。次期に向けてスタートダッシュを切るための作戦ミーティングでなければなりません。MBOをマネジャーが使いこなすコツの一つは、「標語をつけるためではなく、指導・育成を行う」です。この章の冒頭でそのためには原資の切り分けなど人事制度の根本に関わるような変更が必要だということに触れました。他にもマネジメントの視点に立った人事制度の変更ポイントがありますので、本書の中で後述したいと思います。

⒀　「並みの社員」の関心が高まらない目標管理の失敗例

人事に関する書籍･雑誌等で他社の実例が掲載されており、成功事例に学ぶという視点で内容を見る方が多いと思います。それは、意味のあることですが、私は現場マネジャーにとっては失敗から学ぶことのほうが大切だと思います。成功への道筋は一通りではなく、あらゆる方策が考えられます。失敗したことを踏まえてありとあらゆる成功の可能性を模索し、その可能性の中から自部門にあったやり方を探し出せばよいからです。

これまでの記述の中でもMBOの失敗例を見てきました

が、もう一度、現場マネジャーが「並みの社員」を活性化させるという視点でおさらいします。

まず、もっとも多い失敗が「担当者に自分で目標を決めさせる」というものです。「やらされ感」をなくすことが重要なので、自主性を重んじるべきではないかと思われがちですが、「やらされ感」の払拭と放任は違います。「並みの社員」にとって、放任はよくありません。数値を分担させる営業型の場合は、あまり問題になりませんが、事務・企画型の場合は要注意です。

私がコンサルティング現場で見た中では「業務改善を行う」という目標を上げているものがありました。それは当たり前で、どういう改善を行うかという具体的な内容が記述されていなければ、一歩も動けないはずです。この事例からマネジャーが学ばなければならないことは、目的・手段関係に注意するということです。企業の大きな目的として収益を上げるということがあり、その手段として業務改善でコストを削減するということがあるでしょう。この業務改善でコストを削減するというものが目的となって、製造部門では段取り変えの時間を短縮したり、事務部門では残業時間を削減したりするという手段を考え出すことでしょう。そして、事務部門に課せられた残業時間削減という目的にそって、各人ができる手段を考え出すということになります。マネジャーがどのあたりの目的・手段関係を示せば部下が動き出せるかをよく見極めなければならないのです。この感覚について、部はこのレベルだ、課はこのレベルだと決められるものではありません。そのせいか、目的・手段関係の重要性を説いたMBO関連の記述をあまり見かけません。目的・手段関係の失敗は、数多くの現場で目にするところです。

次によくみかける失敗例は「資格取得やプレゼンテーションスキル向上など」能力開発をテーマにあげるものです。これは先述のシート例でいうところの３ステップ施策の一番目であるホップに記述するのであればよいと思います。要するに何か成すべきテーマがあってそのためには、どうしてもこういう能力を身につけなければならないということはあるからです。例えば、展示会で新商品発表を成功させるというテーマがあれば、その施策としてまずはプレゼンテーションスキルを磨くということはあるでしょう」。どんなにプレゼンテーションスキルが向上しても新商品発表がうまく行かなければダメだということです。

マネジャーは部下が能力開発をテーマ（目標）に掲げてきたら、今度は逆の目的・手段関係を問う必要があります。その能力開発は「何のため？」。企業経営ですから、行き着くところは、P/L（損益計算書）、B/S（貸借対照表）数値になり、現場ではピンとこないものになってしまいます。目の前の部下に響く落としどころを見出してください。

次の失敗は、数値分担型の営業系職種でよく見られるものです。目標値と施策の関係で、つじつまが合わないものです。例えば、ある食品卸売業者で数値目標が年間売上１億円だとします。昨年と同じ活動（顧客や配下されているアイテム数など）で、8,000万円の売上が見込めます。2,000万円不足する分をどう補うかがMBOの主たるテーマとなるはずです。そして、施策Ａ、Ｂ、Ｃと三つの活動に取り組むことで期首がスタートしたとします。

順調にベースの売上げも8,000万円確保しましたし、施策Ａ、Ｂ、Ｃもやり切りました。ところが、期末を迎えたところ、9,000万円しか売上げがいきません。中身を検討したところ、施策Ａで500万円、施策Ｂで300万円、施策Ｃで200万円の売上げだったことが分かりました。そうです、そもそも施策Ａ、Ｂ、Ｃだけでは、彼の目標値まで到達することはできなかったのです。

こんな当たり前の話が営業系の現場ではごろごろしています。目標値を決めて（この場合は年間売上１億円）、通常活動との差額（この場合は2,000万円）を算出するところまでは、きっちり行われます。ところが、その差額を埋めるための施策を数値化するところで非常に曖昧になってしまいます。

それは、MBO研修を行っていればすぐ分かります。私が講師をしていると、受講生の方の中に「施策は何個ぐらいがよいのか？」という質問をする方が結構います。答えは何個でもよいのです。差額がキッチリ埋まることが重要で、施策の件数が問題ではありません。

さらに、数値分担型では、月次のスケジュールに注意しなければなりません。せっかくの施策がスケジュールに落ちていないのです。施策Ａ、Ｂ、Ｃよりも、通常の活動が優先されているわけです。これが、マネジャーと部下の判断の下であれば、もちろん問題ありませんが、部下は「行きやすいところへ行き、やりやすいことからやる」ということは分かっているはずです。必ず、施策Ａ、Ｂ、Ｃがどういう月次のスケジュールで行われているのかは確認する必要があります。これをやらずに、効果が現れないからという理由で施策を辞めてしまう例もたくさん見ました。それは施策が悪いのではなく、取り組んでいないのです。この違いを分からずにマネジメントできるはずがありません。

最後に、強調しておきたいことは期末の面談では期中の成功や失敗をどう活かすかが話し合われなければなりません。『失敗学のすすめ』（講談社、畑村洋太郎）では、失敗の原因は主に10に分類できるとあります。部下の行動を分析する上で非常に役立つ視点ですので紹介しておきます。

①無知、②不注意、③手順の不順守、④誤判断、⑤調査・検討の不足、⑥制約条件の変化、⑦企画不良、⑧価値観不良、⑨組織運営不良、⑩未知です。「⑩未知を除けば、番号が大きくなるにつれてより高度な判断ミスで、社長など組織の

リーダーが起こす失敗の原因だと見ることができる」とあります。マネジャーは、④誤判断をしないよう、部下が置かれている状況をよく観察しなければなりません。部下に無駄な動きをさせないように、よく⑤調査・検討の上、目標創造することが重要です。また、期中においては⑥制約条件の変化が起こったならば調整や軌道修正を素早く行うことが必要です。MBOをうまく運用するためには「失敗から学ぶ」姿勢が必要です。

第３章

評価とは教育である（MBO 以外の評価制度の活用方法）

(1)　評価項目の活用方法について、人事部と話し合う

前章では MBO の活用方法について検討してきました。本章では、職能評価や職務評価、コンピテンシーなどの評価を行っている場合について見ていきます。まず、マネジャーに分かってもらいたいのは、このような評価も企業であるからには、「業績やビジョン」の実現が最終目的だということです。MBO はそれへ直結している目標を分担して実現させる活動でした。

本章で検討する評価は、もっとベーシックなもの（普段の実力、スキル、能力、姿勢など）を高めるためのものです。このベーシックなものがなければ、MBO の目標値やテーマを達成することができず、その結果、企業の「業績やビジョン」の実現に、結びつかないというように逆から考えると分かりやすいかもしれません。

私は評価制度を設計する際 MBO だけではなく、個人の育

成に力点を置いた評価項目を合わせて導入するようにしています。その中身は企業の考え方、組織・職種の特性、人材のレベルによってさまざまです。例えば、ベンチャーで急成長中の情報産業の企画職の評価を考えてみます。おそらく最も求められるものは、感度の高さであったり、新しいことへのチャレンジ精神であったりでしょう。「決まった職務を正確にこなす」といったことが求められるわけではありませんから、精緻な職務分析を行って評価項目を作成しても効果がありません。また、若い人の感性が理解できるという気持ちの若さが重要ですから、年功的な評価項目もまったく合いません。

一方、自動車部品製造工場の作業現場ではどうでしょうか。完成品メーカーの検査基準や作業指示に合致した正確なQ（品質)、C（コスト)、D（納期）が求められます。最も大切な要素は正確性ですから、評価項目もそれを実現できる技能や勤務シフトを遵守する協調性といった姿勢が求められることでしょう。

人事制度はそもそも現場の動きを変えるためにあります。その責任者はマネジャーなのです。自社の評価項目がどういう思想で作られてきたのか人事部と話し合うことから始めましょう。本書は、中堅企業以下の現場マネジャーに人事制度を使いこなしてもらうことを目的としています。実は人事部と話し合おうというのは人事部への警鐘でもあるのです。

おそらく、多くの企業の人事制度は業界や自社の状況、職種特性などにピッタリとフィットした評価にはなっていないと思われます。私がコンサルティングに関わった先ではすでに人事制度が導入されている企業が７割以上でした。中には、すべて経営者が決めていて、制度というようなものはほとんどないという企業もありましたが、多くは、中堅企業以下でも何らかの評価制度が存在しています。

しかし、人事制度を持っている会社で評価が形骸化せず運用されている企業は半分もありません。多くの中堅・中小企業では、「評価制度はあるけど、ほとんど形式的に運用しているだけで、誰も何が評価されるのか意識して行動していない」という状況です。

実は、評価制度があまり正確に運用されていないからこそ、現場が混乱していないという面があるのです。現場にフィットしないものを無理やり運用すれば間違った方向に人を動かしてしまいます。先ほどのインターネット企業の例でいえば、正確な作業や協調性などを重視した評価を運用すればするほど、その企業には合わない動きをした人が評価され、昇進・昇格をしていきます。

このあたりの感覚は現場マネジャーや経営者はよく分かっています。フィットしない評価制度が設計されている場合、それはそれとして、「真に活躍している人」の評価をよくして、取り立てています。こういう状況下では、人事部が出してくる評価制度を運用しない現場マネジャーが優れているということになってしまうわけです。

では、「評価制度は必要ないのか」というとそんなことはありません。現場マネジャーには「クセ」があるからです。先ほど「失敗から学ぶ」という話をしましたが、ゴールへの道は何通りもあります。「失敗から学ぶ」よいところは、その可能性にチャレンジできるからだと述べました。

現場のマネジメントもまさにそのとおりだと思います。現場にはさまざまな個性を持つ社員がいます。絶対にダメな行動や姿勢というものはもちろんある（失敗）わけですが、よい行動や姿勢というのは、いくつかの状況が絡まりあっていて、「必ずこうだ！」というものはないはずです。ところが現場マネジャーが自分の感覚だけで人を評価すれば、自分と同じ行動基準や考え方をもつものを評価して、そうでない者を排除する傾向に陥ります。

これでは、せっかく企業の財産として採用した人材が、現場マネジャーのクセによって活かされたり殺されたりしてしまいます。評価制度とはこのようなことがないよう、企業としての人材に関する考え方をまとめたものなのです。

その評価制度がどのようなねらいを持って策定されたものか人事部と話し合うことがスタートです。そのねらいを理解せず、評価制度を運用できるはずがありません。

少し表現には問題があるかもしれませんが、評価制度が現場を動かすための道具だとすると、その道具の使い方を理解しないで使用したならば、凶器となってしまう可能性もあるわけです。では、現在主流となっている評価制度についてマネジャーの活用方策を見ていきましょう。

(2)　職能評価の場合

職能資格制度を採用しているかどうかを問わず、職務遂行能力を人事考課の要素の一つとして評価している場合全般について検討をします。企業によって同じような人事考課制度が別の呼び名であったり、また、複数の要素（業績、職務遂行能力、行動、姿勢など）を対象としている制度が多いためです。

『経営実務大百科』（ダイヤモンド社）によると、能力にはその把握の側面から四つの範囲があるとされています。「①いま現についている仕事がどれくらいできるか。②わが社の社員として何がどれくらいできるか。③人間として何がどれぐらいできるか。④将来、何がどれぐらいできそうか。③④は、直接に処遇や賃金の対象となることはないが適正配置や能力開発を進めるうえではこれらをすすめることも必要で、それは一般的には適正観察制度を通じてとらえられる。そこで、資格等級に対応する能力分類は、一応①と②が対象となる。」とあります。

部下の①～④を把握して適切な評価をすることは大切なマ

ネジャーの仕事です。逆に言えば人事部が一人ひとりの①〜④を把握することは不可能で、マネジャーしかできないのです。ここに業績評価との違いがあると思います。業績は指標や目標値が明確であれば結果の評価は可能です。結果だけでなく、取り組みを見る重要性は前章で述べたとおりです。

しかし、職務遂行能力を取り入れている企業ほど、現場マネジャーがその中身をよく知らない場合が多いのです。MBOは現場が関心のあること（数値目標にしろ、定性的なテーマにしろ）ですから、運用の巧拙は別として、どんなしくみかは理解されています。職務遂行能力となると、自社ではどのような項目がどれぐらい要求されているかほとんど認識していないのではないでしょうか。例えば、販売職の初級クラスには判断力はあまり求められていないが、管理職一歩手前社員には最も求められる評価項目だというようなことです。

まずは、このような職種別・階層別に求められているものを把握しなければ部下を評価することはできません。また、評価は処遇決定に使用されますが、それが目的ではありません。部下を指導・育成し、何とか組織目標を実現するためのものです。部下にとっては自分のキャリアを磨く、「自分のため」でなければならないのです。特に本書は「並みの社員」を底上げし、その結果、これまでのようなハイパフォーマーに頼ったものではない、これからの時代にマッチした企業の成長に貢献しようというねらいのもとに執筆しています。「並みの社員」がどうすればその能力を発揮したということになり、足りなければどうすれば身につけることができるのかを「噛み砕く」責任がマネジャーにはあるのです。

その噛み砕き方に職能評価を使いこなすコツがあります。それは、**習熟要件**（どんな仕事がどれぐらいできるか）と**習得要件**（どんな知識・技能を身につける必要があるのか）を分けて考えるということです。例えば、商品企画部であれば「市場調査という仕事を設計から報告書作成まで１人でできる」というのが習熟要件です。そして、「そのためにクロス分析・相関分析・多変量解析などの統計技法を身につける」というのが習得要件です。この習熟要件と習得要件のことは職能資格制度を導入した人事部はよく分かっているかもしれませんが、現場マネジャーでそのことを理解している方に出会ったことはほとんどありません。

上記のように例で示せば当たり前のように聞こえるかもしれません。部下を評価するに当たって、マネジャーが職務遂行能力を把握するには職務や言動を通じてしか行うことができません。その結果、より高い職務遂行能力を発揮させるためには習熟要件をもっと適切に明示すればよいのか、その前提となる習得要件を身につけさせなければならないかで、その指導育成内容は異なってくるでしょう。

人事部が一般的な職務遂行能力の評価項目（企画力、判断力、リーダーシップ……）とその判定要素を理解しているだけでは、現場は評価できないという特徴が職務遂行能力評価にはあると思います。保持しているだけではなく、発揮された職務遂行能力で評価するという流れがありますが、それだけでは全く不十分です。上記のように現場マネジャーが、自部門における習熟要件と習得要件を噛み砕いて部下に説明できないとしたら、職務遂行能力を把握することはできないでしょう。

その結果、せっかく人事部が多大な知恵と労力を使って策定した「職務遂行能力評価項目一覧」のような資料が活用されることなく陳腐化していくのです。そして、年数が経てば職務遂行能力も向上しているだろうということで、年功的な運用となっていきます。

マネジャーの皆さん、「うちの評価項目は使えないよ、一般的なことが書いてあるだけだ！」などと投げ出さず、職務毎の習熟要件と習得要件を考えてみてください。それは、人事部ではできませんし、部下を評価する前にマネジャー自身がやらなければならない仕事です。それを人事部と協力して行えば必ずよい指導・育成ツールができ上がるのではないでしょうか。

(3) 職務評価

職能評価は属人的な職務遂行能力を評価するものであるの

に対し、職務評価は、「同一労働・同一賃金」という考え方の職務給がベースにあります。ですから、職務評価というのは部下個人に対する人事考課を指す言葉ではありません。その企業におけるいくつもの職務の価値を決定するということです。その前提となる職務分析はかなりの専門性を要する作業で、コンサルタントの指導の下、人事部やプロジェクトメンバーなど一部のものが主導しつつ現場を巻き込んで作成していきます。

職務給の場合は、同じ仕事をしていれば年数が経っても給料は上がらないというのが基本的な考え方です。例えば調理師に職務給を導入し、皿洗い→下ごしらえ→前菜→メイン料理というように仕事のレベルが分れていたとします。皿洗いを何年続けても皿洗いに設定した職務給（例えば150,000円）より上にはいけないということです。実際は同じ職務でも評価を行って、いくつかのレベル分けをしたり、評価結果によって職務給を上下させたりするものの方が多いようです。例えば、下ごしらえという職務に（半人前→一人前→ベテラン）のようなレベルを設定したり、毎年の職務レベルをＳ・Ａ・Ｂ・Ｃ・Ｄで評価し、職務給を上下させるというものです。いずれの場合も、同じ職務であれば、その設定された範囲の中でしか昇給・降給は行われません。

その職務分析技法や作成手順は別書に譲るとして、ここでは、「職務給が導入されている場合のマネジャーの人事考

図12　職務評価自己判定例（Mタクシー会社）

○：以前より明らかに進歩し、お客様が認めてくれた
△：以前より工夫・改善できた
×：以前と変わらないレベルに留まった

	項目	ポイント	ウェイト	毎日自己評価			評価
行動 （地理、運転技術を取り入れることも検討）	お迎え	①50cm程度お客様から空けて停車 ②必ず目を見て挨拶 ③行き先確認とルート提示	20	○ ×	△ 上司印	○	S (100)
	乗車中	①＊＊＊＊ ②＊＊＊＊ ③＊	20	△			C (30)
	お送り	①＊ ②＊					B (50)
姿勢	規律遵守						
	協調性		＊＊				
	積極性		＊＊				
	自己で気をつけること		10	×			D (10)
TOTAL	ウェイト×評価点数の合計						50→B

<ポイント>
・ドライバーに求められるおもてなしとは何かを明確にする
・行動と姿勢に分ける
・毎日振り返ることで染み込ませる
→上司と部下の関わり

課」にフォーカスしてそのコツを検討します。それは二つのポイントがあります。

一つ目のポイントはショートインターバルでの自己判定です。毎月・毎週・毎日・自分の仕事ぶりを振り替えさせるということです。タクシー会社の場合を図示します(**図12参照**)

タクシー運転手というのは、接客、運転技術、地理知識などが求められるサービス職と技術職の要素を持ち合わせています。最近は京都のMKタクシーのように接客面でのホスピタリティを重視して業績を伸ばしている会社もあります。そのホスピタリティの追求によるファン増という面ではどこ

までも向上可能かもしれません。しかし、技術面ではある程度の伸び以降は付加価値が高まらず、給与面でも限界があります。実際は、分率といって売上げに対する比率で給与が支払われる部分が多いのですが、固定給部分については、職務給の考え方が望ましい職種です。

このタクシー運転手の場合の問題点は現場マネジャーが仕事ぶりを把握することが非常に難しいということです。一度会社を出てしまえば、車の中で一人で仕事をこなすわけですから、上司だけでなく、同僚とも会う機会はほとんどないでしょう。それが、気持ちの緩みにつながり、接客面・技術面でお客様から見ると不親切な仕事ぶりになる可能性は否定できません。

そこで、**図12**のように、まずは自分で振り返るということが重要になってきます。しかもタクシー運転手の場合は、上司も同僚も仕事ぶりが分からないわけですから毎日振り返ることが必要だと思います。それをしっかり上司に報告し、認めるという繰り返しが現場での対応に現れるのです。振り返る項目は行動と姿勢に分けて考えれば、シンプルで有効性の高いものが設定できるでしょう。

他にも職務給が相応しい職種は、看護師・検査技師などの医療従事者、理容師・美容師など結構ありますが、その技術レベルの上昇スピードや賃金相場は各々の職種で異なりますし、もちろん個人差があります。理容師・美容師などは、上司が部下の仕事ぶりを近くで見れますが、自分で振り替えさせることはやはり有効です。

この場合、自分で振り返ったレベルと上司の評価のギャップがとても大切になってきます。例えば、ある若い理容師が年配のお客様を相手にファッションの話をずっとしていたとします。この理容師はお客様と近づけたと思っているでしょうが、周りからすると年配のお客様にはあまり関心のない話だったかもしれません。接客技術の認識には大きなギャップがあり、それを埋めなければ、この年配のお客様には心地よさを感じてもらうことはできないでしょう。

職務給を導入している場合の人事考課の二つ目のポイントを話します。上司が適切なタイミングで仕事の変化を与えるということです。理容師の例ですが、最初はカットされた髪の掃除やシャンプー液の補充など補助的な作業が中心でしょう。新人の間はそれでも緊張感と向上心を持って取り組むことができますが、何年も同じ作業では飽きてしまいます。

しっかり補助作業ができるようになったら、シャンプーやマッサージなど、直接お客様に接触するような仕事レベルを与えます。さらに、顔剃りなど高度なレベルを与え、最後にはスタイリストとしてお客様を担当しカットを行うのです。

このように現状の仕事をマスターしたら飽きさせないように次の仕事レベルを与えることが上司のマネジメントの要諦です。新しい仕事を与えられた部下は不安を覚え、自己学習や工夫を行います。例えば、先輩の技を盗む、夜残って練習をするなどです。その結果、新しい仕事をこなす気づきがあり、成功体験や成長が加速されていくでしょう。

このように、職務に賃金がついている職種こそ、マネジャーがそのしくみを理解して、適切に次のステップへ部下を引っ張り上げないと、ずっと低賃金のままになってしまいます。その次のステップに進ませてよいかどうかの判断は、先述のような仕事を振り返らさせて、マネジャーの評価とのギャップを埋めさせるという日々の連続があってこそできることなのです。

(4)　コンピテンシー評価の場合

コンピテンシーというのは高業績者の行動特性から学ぼうという発想です。職能評価が年功的な運用になってきた反省から取り入れている企業も増えてきました。本書のテーマである「並みの社員」を活性化させるという意味では、高業績者の行動特性を「並みの社員」が真似て身につけてくれれば全体の底上げになります。

『コンピテンシー活用の実際』（日経文庫、相原孝夫）では、７分野×４次元で28のコンピテンシーに分類されるとしています。具体的には①自己、②対人、③成果、④戦略、⑤思考、⑥情報、⑦時間という７分野と、①遂行、②適応、③統合、④創造という４次元です。これらの28分野に関して具体的にどのような行動を起こすことが高業績につながるかを分析し、評価として活用します。もちろん、全社員が同じコンピテンシーで評価されるわけではなく職種ごとの特性を考慮する必要があります。

例えば、高業績営業マンが「３ヵ月先の売上げ見通しと予算との差額をしっかり把握して対策を考えていた」とすれば、営業マンの評価要素に「３ヵ月先行管理の実施」を加えていくということになります。先述の業績や重点課題を推進させる「MBO」と、ベースとなる能力を診る「職務遂行能力評価」の中間的な存在とも考えられるものです。「並みの営業マン」がこのような「できる営業マン」の行動から学び、真似ることが重要なわけです。

マネジャーが考えなければならないのはこの「真似る」ということなのです。真似るべき行動特性と真似をしてはいけない行動特性があります。それはスポーツを例にとると非常に分かりやすくなります。

今年はサッカーのワールドカップが開催されました。豪快なミドルシュートやトリッキーなドリブルなど、世界レベルのプレイを堪能することができました。彼らの技のベースとなっているものは、体力や筋力であり、キックの仕方やパスの出し方などの基本的な技術でしょう。

それらが身についていないのに、ミドルシュートやドリブルばかりを真似ても、決して良いプレイヤーにはなれないのです。もっと先にやるべきことがあるということです。

先ほどの「営業マンの３ヵ月先行管理」という手法はややレベルの高いものです。もし新人であれば自社の商品や得意先の基本的な情報を覚えることが先でしょう。３ヵ月先行管理ができていないからといって悪い評価をつけるということには問題がありますし、そのレベルを求めること自体がマネジャーとしてふさわしくないでしょう。

コンピテンシーを導入している場合は個人の経験やレベルを考慮した適応を行わなければ間違った学びになってしまうのです。これこそがマネジャーの腕の見せどころということです。「並みの社員」がまず学ばなければならない行動特性は何かを見極めてください。

私がコンサルティングを行った先で、膨大な量のコンピテンシィーディクショナリーがほこりをかぶっている例がありました。担当者に聞くとコンサルティング会社の指導のもと１年近くの歳月をかけて（恐らく金額も相当？）、全社員共通のものと各職種別のものを作成し、人事制度説明会を通して全国の拠点へ浸透させたつもりでした。

MBO は、ある程度絞り込まれた業績指標とそれを達成するための重点課題をやりとげるしくみです。職能評価は、どの職種にもあてはまるような一般的な職務遂行能力を診るものでした。それらでは通常の仕事ぶりを評価できないということでコンピテンシーが広まってきたのですが、それゆえ、細分化されすぎて、現場マネジャーには使い切れないものとなる懸念があるわけです。

そこで、先述のように社員ごとにどのような行動特性を学び、真似させたらよいかを見極める力量がマネジャーには求められるのです。この企業の人事担当者に聞いたところ、そのような現場マネジャーへの指導・支援はまったく行っておらず、コンピテンシーの内容や評価の点数の付け方を一生懸命説明して回ったようです。くれぐれも半人前プレーヤーにプロの真似をさせて基礎をおろそかにすることのないようにしてください。

(5) 「並みの社員」の関心が高まらない評価運用の失敗例

MBO、職能評価、職務給採用の場合の人事考課、コンピテンシー評価という順で見てくる中で、失敗例を織り交ぜてきましたが、ここでは「並みの社員」にフォーカスして考察します。これまでも「並みの社員」の特性を述べてきました。これまでの人事制度は上位の２割が報われるしくみで、６割の「並みの社員」には縁の薄いものでした。

その原因は、「昇進・昇格、昇給、賞与」といったポスト数や原資が決まったしくみにフォーカスされすぎていたためです。多少仕事ができるようになったからといって、どんどん昇進・昇格をさせていたらポストが足りなくなってしまいます。同じように昇給させたり、賞与分配を多くするにも原資が増えれば経営を圧迫してしまいます。

それに比べて、評価はどんなにしっかり行っても困ることはありません。賃金の上げ下げのために評価があるわけではなく、指導・育成ツールだからです。それを賃金の上げ下げに使うかどうかは人事制度のしくみによります。そうであれば、人事標語のＳ・Ａ・Ｂ・Ｃ・Ｄが大切なのではなく、個別の項目がどれぐらいできたのかを重要視しなければなりません。

MBO の例で言えば、どの指標は達成できてどの指標は未達成だったのか、また、その達成した指標の中でもどの重点課題が効果があったのかなど、中身を徹底的にマネジャーは部下と話し合わなければならないのです。そして、そこに「並みの社員」に効くご褒美を仕掛けなければなりません。それは「**新しい変化**」を与えるということです。

現場マネジャーが注意しなければならないことは、部下でもできる仕事を一生懸命やってしまうことです。上位職種の人間が下位職種の仕事をやりだすと、その下位職種の人間はやることがなくなって、さらに簡単な仕事をすることになります。経営者が１人でしゃべる会議や営業部長が見積もりを作っているなど、どこの会社でも見かける光景です。私はダメな経営者もしくはマネジャーは、何もしないものではなく、下位のものがやることを忙しそうに一生懸命やるものだと思います。営業活動であれば、既存得意先を担当している現場担当者に新規開拓を強く求めるマネジャーがいたとします。そして、自分は既存の仲のよいクライアントを時々回ってお茶を濁しているのです。既存得意先からの要求で現場担当者は、しっかり仕事をしているものです。それより、常に同じ得意先や同じ商品ではいつかは売上げが下がってしまうわけですから、新規得意先や新しい業界の開拓こそマネジャーが行わなければならない仕事なのです。

現場マネジャーは部下の仕事がどのレベルのものかを把握していなければなりません。そして、「並みの社員」がよい仕事ぶりを発揮したら、次のステップの仕事を与えてあげるのです。もちろん、どんどん仕事が増えるばかりでは潰れてしまいます。評価（指導・育成）を通じて少しできるようになった「並みの社員」が行っていた仕事をそのさらに下位の者に渡していくようにします。仕事そのもので褒美を与えるというのはこういうことだと思います。忘れてはならないのは、新たに与えるだけでなく、仕事を削って、さらに下の者に渡していくということなのです。そうすれば簡単な仕事はパート・アルバイトに置き換えられていくでしょうから、残業や人件費の高騰も抑えられるはずです。

しかし、当たり前のように思えるこの「新しい仕事をやるために下に仕事を渡していく」ということが行われていません。それは、「並みの社員」がうまくこなすようになった仕事を下に渡すと、また混乱を招きかねないという思いからです。さらに、そんなにどんどん仕事を渡したら、自分がやることがなくなってリストラされてしまうかもしれないという恐怖からなかなか手放さないということもあるでしょう。

そこでマネジャーには二つのことを考えてほしいと思います。一つは、簡単に現状の仕事を卒業させるようなよい評価をしてはいけないということです。全体的に甘い評価を付けるマネジャーがたくさんいます。それは、部下の出世や給与を上げてあげたいという思いからでしょう。または、日頃接する部下に辛い評価をつけて嫌われたくないという気持ちからかもしれません。それでも、上記のようによい評価をつけたら、その仕事を卒業させて新たな変化を部下に与えなければならないとしたらどうでしょう。いや、まだまだ卒業には早いと思うのではないでしょうか。

そして、もっと大切なことは常に自部門の仕事の質を高め、領域を広くしていくということです。自部門の仕事のレベルが何年も同じであったり、範囲が狭いものであっては、下の者に仕事を渡そうにも渡すものがなくなってしまいます。だからできるマネジャーは、常に自分自身の仕事のレベルを高め、幅を広げていくものなのです。もちろん、既存の仕事を行いながらやっていては潰れてしまいますから、少しずつ部下に渡していくことが必要なのは先述のとおりです。

実際は自部門の仕事のレベルを高めようという動きをすることもなく、まして領域に関しては広げるどころか閉じこもっていく組織が非常に多いのが現実です。組織同士がどんどん殻に閉じこもって領域をせばめてしまえば、組織間のカベはますます高くなります。よく、組織と組織の間に重要な仕事がこぼれていることがあります。これでは、こぼれる仕事が増えてしまい、いつか重大な問題になってしまうでしょう。

「並みの社員」に評価を通じて指導・育成をしっかり行う。そして、最大のご褒美は、次の新しい仕事を与え、卒業させた仕事は他のものに回していく。これこそが、マネジャーが評価制度を通じて行わなければならないことです。その繰り返しはやがて、「並みの社員」の人事制度での処遇にも繋がっていくでしょう。それが、多少できる社員より遅れてもたいした問題ではありません。

「並みの社員」を腐らせてしまう最大の失敗は、成長を止めてしまうこと、つまり新しい仕事レベルや領域を与えることができなくなった時なのです。それでも、やみくもに新しい仕事を与えればよいわけではありません。MBOであれ、職能評価であれ、コンピテンシーであれ、しっかりと個人に合ったものを要求し、それが実現したら次のステップへ進みましょう。その成長を実感させるツールが評価なのです。ですから、マネジャーが評価制度を熟知し、人事部とともに使い勝手のよいものへの改善し続ける必要があるのです。

私は人事制度構築のコンサルティングを行う場合、現場のマネジャーを巻き込むことが多くあります。現場のマネジャーの意見を重視するという意味もありますが、それより大切なことがあります。人事制度構築プロジェクトを通じて、現場マネジャーに評価というものの難しさを実感してもらう。そのこと自体がマネジャー教育なのです。クライアントの社長にコンサルティングの成果を認めてもらう場合、成果物は人事制度ではなく、**「そこに参加したマネジャーが成長した」**といっていただけるのが私への一番の褒め言葉だと思っています。

第4章

等級で「並みの社員」も戦う体制へ

(1) 等級制度を使いこなすとはどういうことか

等級制度という言葉そのものを知らないマネジャーも多いと思います。さらに、等級制度の存在意義を語れるマネジャーは皆無といってもよいでしょう。しかし、日本人が等級制度のようなランクづけが好きなことは間違いないと思うのです。

私がコンサルティングを行う場合、早い段階で等級制度の仮格づけを実施します。等級制度そのものは、一般社員層を６等級、管理職層を３等級というようにいくつかのレベル分けされた箱ですから、そう難しいものではありません。最も難しいのは、誰をその箱に入れるか（格づけ）と、どうすれば昇格・降格するのかといった運用の話です。

社員を仮に格づけするとさまざまな問題が見えてきます。「甲さんを４等級にすると、３等級にした乙さんのモチベーションが下がってしまうかなぁ」、「何で俺は甲さんを４等級にしようと考えたのだろう」、「乙さんよりレベルが上だと思っていたけど、本当にそうなのか」といったことがぐるぐる頭を駆けめぐります。その結果、この仮格づけを避けるマネジャーもいるぐらいです。

本来は思い悩むはずの等級制度なのに、ほとんど自社の等級制度がどのようなものなのか知らないマネジャーが多いのはなぜでしょうか。それは、昇格・降格といった運用がブラックボックス化されているからです。前章の評価は現場マネジャーが行わなければ本社経営層ではできません。しかし、誰を昇格させるかというのは杓子定規なルールに則って行えるものではなく、全社を俯瞰で捉えて意図をもって行う必要があります。

例えば、５年先には自社もグローバル化に対応して、中国・アジア市場へ進出しなければならない。その市場に強い人材を育てるためにも、優秀な人材を投入して、早く上のポジションに就けていこう」などというように中期的な戦略と密着に関わってくるのです。

「等級制度の運用は本社任せでよく、現場マネジャーが口を出すようなことではない」というのではありません。だからこそ、等級制度における現場マネジャーが果たさなければならない役割を人事部と話し合うことが必要なのです。

先ほどの例で言えば、これまでは中国・アジア市場を重要視していなかったので、そこを担当していた人間はなかなか浮かばれなかったとします。その結果、5年後に向けて重要な人材にも関わらず、他社へ転職してしまったとしたらどうでしょう。5年後の戦略を踏まえて人材選抜するという重大なマネジメント責任を果たせなかったことになるのです。

等級とは、「中期的な視点で誰を引っ張り上げるのか」が大切なのです。そして、それを推薦できるのは現場マネジャーしかいません。しかも、年功やこれまでの評価、全体の和などを重視しすぎて、旬な人材のやる気をそぐようなことがあってはマネジャー失格です。そんなマネジャーの決断力のなさに飽きれて去っていく人材がいるはずです。私自身もかつて、自分の判断力に自信が持てず、できる社員を引き上げてやることができませんでした。彼が転職を決意した一因ではあったと思います。

評価であれば、部下自身の自己評価とマネジャーの評価の違いについて話し合う機会もあるでしょう。昇格・降格は経営層の最終判断が重要視されるブラックボックスに近いものだけに、マネジャーの人材を見抜く目が重要になってきます。経営層が最終判断をするにしても、マネジャーの強力な推薦がなければ、経営層自体の判断が狂ってしまうからです。

そして、この優秀な人材を早く引き上げることは「並みの社員」にとっても重要なことなのです。「できる社員」には早く次のステップに進んでもらわなければ、「並みの社員」へのご褒美である新たな仕事が生まれてきません。マネジャーは、組織全体の活性化のためにも等級制度の運用に深く関わってください。「中期的な戦略にあった人材を見出す」ということです。

(2) 部下の多様性を活かすために、人事部へ働きかける

最近は、経営幹部や管理職層へ上がっていく一本調子のコース設計ではなく、さまざまな選択肢がある等級制度が増えてきました。例えば、ある販社では数字を上げたものが営業所長に就くケースがほとんどでしたが、会社が成熟期に入り新たな営業所長ポストを用意することが難しくなってきました。その影響で、昔なら30代で営業所長についていたものが、成績優秀者であっても40代に入ってもその職に任命されることが難しい状況でした。もちろん、その層のモチベーションは落ちるし、マネジメントをする営業所長の苦労も増える一方です。

そこで、個人の販売センスで活躍する「プロフェッショナル等級」と営業所長経験者がその経験を活かして若手所長をサポートする「エキスパート等級:副所長」を新設しました。若手・営業所長ともに、自分の適性を考えて「プロフェッショナル」へ移動するもの、営業所長経験者で後進に道を譲って少しゆっくりとした働き方を志向するため「副所長」へ降りるものが出てきました。

この企業の例では、本人の志望だけではなく上位職者や人

事部がしっかりと面談を通して、異動人員を見極めたため非常に効果的な運用ができています。効果的な運用とは？　それは「お客様へのサービスレベルが向上したか、ライバル企業に勝てるか」を戦闘能力からみるということです。

例えば、以前のように数字もバリバリ上げて部下を引っ張る営業所長がいたとします。お客様も満足しライバル企業にも勝てるのであれば、ごく一部の所長とその候補者だけが戦う体制でよいでしょう。しかし、現在はお客様の要望も細かくなり、部下も多種多様な人材が集まってきます。マネジメント中心の所長、バリバリ売上げるプロフェッショナル、所内の調整役であるエキスパートなど、さまざまな役割を担ったメンバーが全員体制で戦った方が、ライバル企業にも勝てるはずです。

このような全員体制を実現するためには、部下の適切な進路を見極める力がマネジャーに求められます。部下個人が自分の強みを把握して、会社の戦い方と自分をマッチングさせる方法を理解していればよいのですが、そんな社員は少ないでしょう。「会社はこういう戦い方をしようとしている。君の強みをこういう形で活かしてみてはどうか？」今後の等級運用にはマネジャーの人間洞察力が欠かせないのです。

そのために、マネジャーが日頃から気をつけなければならないことは「自分のモノサシでヒトを見ない」ということにつきます。多様性を見るためには、まずは多様性を受け入れる力が必要です。人事考課の世界では対比誤差といって、「評価者自身と比較し、自分の得手は厳しく、不得手は甘くみてしまう。あるいは、同程度の人物と比較して評価してしまう」ということがあります。等級運用で部下の多様性を見誤っては一生に関わる大問題ですから、マネジャーは心して見てあげてほしいと思います。

(3) 管理職を支える意識を忘れさせない

このように複線型の等級制度が設計されている場合、部下の多様性と会社の方向性をマッチングさせることがマネジャーの重要な責任です。管理職を目指すだけでなく、専門性を活かして生涯現役プレーヤーでやっていくもの（プロフェッショナル）、自分の経験で若手を支えていくもの（エキスパート）など全員戦闘態勢で望むわけです。その際、忘れてはならないのは、プロフェッショナルもエキスパートも戦う目的は企業のビジョン実現と業績向上だということです。そして、その責任を最も負っているのは、近くにいるマネジャーだということです。

マネジャーを支えるためのプロフェッショナルであり、エキスパートなのです。その意識を持たせることができなければ、複線型の等級制度はマネジャーの足を引っ張ることになるでしょう。せっかく顧客から新しい売上げのチャンスである情報をつかみながら、商品特性上自分の業績にならないと分かった瞬間、やる気をなくしてしまうプロフェッショナル。若手を支えるはずが単なる窓際社員になってしまった元営業所長のエキスパート。

どれも、マネジャーが間違った人事制度の使い方をしてしまった結果なのです。そこで、人事部に働きかけてプロフェッショナルとエキスパート社員にこそ、姿勢評価を取り入れてもらいましょう。姿勢評価というのは「積極性」「協調性」など、仕事を行ううえでの基本的な心構えを要求するものです。

なぜ、ここで姿勢評価を強調するかというと、多くの企業でベテランになると姿勢評価のウェイトを下げるかやめてしまいます。先述の業績評価、コンピテンシー、行動評価などが中心となるためです。管理職を目指している間は、当然、会社全体や組織のことを考えた動きを要求できます。しかし、いったんプロフェッショナルやエキスパート社員になると目指す上位の資格はなくなることが多いのです。

自分の給与分だけ働こうという気持ちになることも否定できません。姿勢評価を導入することで、もう一度若手社員に求めていた「One For All」の精神を目覚めさせましょう。それができないのなら、プロフェッショナルやエキスパートへのコース変更を認めてはいけません。

また、マネジャーとして彼らに遠慮しないということも重要です。数字責任が大きい営業プロフェッショナルだから、営業会議への出席を免除する。先輩格のエキスパートだから仕事ぶりの足りない点を指導できない。このようなマネジャーの遠慮を他の一般社員が見ています。「プロフェッショナルやエキスパートは楽そう」と思われたらこの制度は失敗です。それは遠慮がちなマネジメントから発生するのです。

(4)　なりたい自分と、現在の自分のギャップを話し合う

等級制度が策定されている場合、各等級の定義が記述されています。例えば、営業職一般社員３等級は、「一人で得意先を担当し、自社の商品を得意先ニーズに合わせて提案できるレベル」。４等級社員になると、「業界内の新たな顧客を開拓し、自社商品の市場シェア向上に貢献できるレベル」。５等級は、「他業界など新たな市場へのチャレンジを社内の他部門を巻き込みながら実現していくレベル」というように職務遂行能力や力量のレベル感を大まかに表す表現になっていると思います。

この大まかに表されているというのがミソで、あまり細かく表現してしまうと何十段階にもなってしまいますし、そもそもそんな細かな差を判定できるのかという問題が生じます。逆にもっとあいまいであれば、同じ等級にかなりの実力差がある人材が混在することになります。マネジャーに分かってもらわなければならないのは、等級が評価や報酬に大

きく影響するということです。同じ等級にいれば、評価基準も似たようなものにならざるをえませんし、給与にもあまり差をつけることはできません。

このような等級の特性を理解したうえで、社員との面談ツールとして等級基準を使ってもらいたいのです。上の等級を目指すということは、それだけ評価基準も厳しいものになりますし、そこで評価されれば報酬も大きなものを得ることができるでしょう。先ほどの例で言えば、5等級者のように市場そのものを開拓できる人材が、3等級者のように既存得意先を担当している人材より、評価基準も厳しく、報酬も高いということです。

それを部下との面談にどう活かすか？　そのポイントは自分でどこまでいきたいのかをよく考えさせることです。そして、現在の自分がどこまできているのかを自己診断させる必要があります。**図13**を見てください。なりたい自分と現在の本当の自分が同じレベルの人でも、自己評価が甘い人、現在の本当の自分を知っている人、自己評価が辛い人では、なりたい自分への到達距離が全然違うように思えてしまいます。

製造現場の品質検査を例にとると分かりやすいと思います。会社が合格レベルを出す品質基準に対して、甘い評価をする人は顧客へ不適合品を流失させてしまうかもしれません。クレームにつながり顧客からの信頼を失う可能性もあるでしょうし、手直しが必要ですから原材料・労務費などの製

図13　目標への距離感

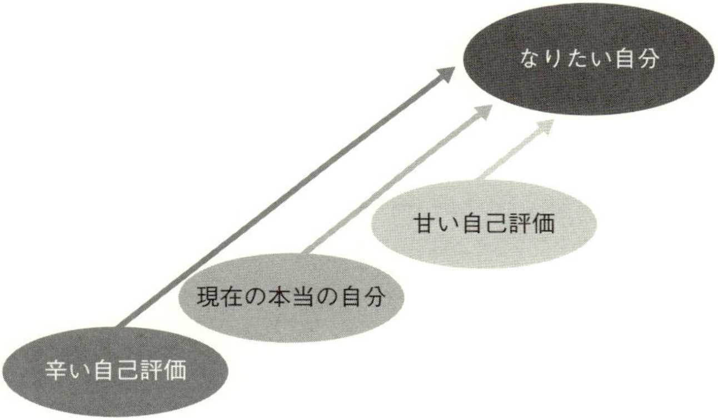

造原価も上がります。

では、辛い評価の場合はどうか？　十分合格の品質にもかかわらず、検査ではじいてしまえば、納期遅延ということで同じように顧客からの信頼を失うことがあるでしょう。また、原材料や労務費のアップも同じです。ですから、適正なジャッジメントが必要なのです。

これを人の実力や能力に置き換えると、先ほどの面談につながります。まずは理想の姿を思いっきり高い視座で語らせます。「どんな仕事ぶりや能力を身につけたい？　せっかくだから当社の等級定義に照らして考えてみてよ。少し曖昧な表現が多いから自分の言葉で噛み砕いて構わないから」というような問いかけが有効でしょう。そして「並みの社員」である部下が「２～３年後には５等級へ昇格するレベルまで到達したいと思います。他業界への進出に他部門の人たちの知恵も借りながらチャレンジしてみたいですね」と答えたとします。「他部門の知恵を借りるというのはどういうこと？相談するだけではなかなか突破口は開けないと思うけど」というようなハードルを上げる問いかけをします。すると「並みの社員」である部下は、少し腰が引けるでしょう。そこで、マネジャーは、「俺もバックアップするから、どんな形で他部門と協働するのか考えよう」と持ちかけ、部下から「各業界には各社が新商品を発表する展示会がありますから、そこで自社商品のセミナーを行うプロジェクトリーダーとして他部門の若手をまとめていきたいです」のような面談が考えられます。「なりたい自分」は、展示会出品プロジェクトのリーダーです。

それに対して、現状の自分を見つめなおさせます。甘い自己評価の社員は、「自分は他部門との人間関係も良好だし、すぐにプロジェクトを立ち上げられると思います」というような答えかもしれません。それに対して、マネジャーが診た「並みの社員」A氏は、仲がよいのは事実だがプロジェクトをマネジメントするスキルは身についていないという判断をすることもあるでしょう。その場合は、適切な自己実力を分からせる（この場合、A氏に対してプロジェクトマネジメントスキルがないことを分からせる）ことが重要です。そんなことは分かっているけどなかなか難しいと思われるかもしれません。

等級基準がある程度曖昧な定義であることを逆利用します。こういう甘い自己評価の社員にはもっとゴールを遠くにすることです。適切なゴールと適切な自己評価の距離をゴールを遠くすることで、甘い自己評価者にも適用できるようにします。例えば、「周りを巻きこんでプロジェクトマネジメントをするということは、仲良しクラブではない。さまざまな個性のぶつかり合いで簡単に決まりそうなこともなかなか前に進まないこともある。プロジェクトマネジメントの実物語を書いたこんなよい本があるから読んでみたらどう？」などとゴールの距離を伸ばしてやれば、せっかくの部下の気持ちを壊すことなく適切な距離感を教えてあげることができます。大切なことは、目標そのものや現状値よりも、目標までの距離感なのです。

もちろん、辛い自己評価でなかなかチャレンジしない部下には、ゴールを近づけてやればよいのです。「他部門と協力するといっても、最初から気負うことはない。まずは、飲み会の幹事でもやって、コミュニケーションをとるところからスタートしようよ！」ということも考えられるでしょう。

ほとんどのマネジャーには読まれてもいない等級定義こそ、部下との面談の最強ツールだと思うのですがいかがでしょうか？　コンサルティング現場で社員の実力や能力に対する判定を少しでも適切なものにするためのツール開発を行う場合があります。かつて、侃々諤々（かんかんがくがく）の議論の末に構築したアセスメント基準がほとんど現存の等級基準と同じだったことがありました。

(5) 等級基準マップで学修意欲を喚起する

現場マネジャーにとっては馴染みの薄い等級基準というものが実は面談時のコミュニケーションツールとして重要であるという話をしました。せっかく貴重な時間を費やして面談をするわけですから、記録を残しておくことをお勧めします。

部下が多ければ多いほど、等級ごとの分布と面談記録を把握することが必要です。部下に対する接し方に悩むマネジャーは非常に多いのが現状です。ついつい、自分のマネジメントスタイルを押しつけがちになりますが、本来は部下の個性に合わせてそれを活かすのがマネジメントです。その個性の把握も性格や趣味などの個人属性的なものだけに偏らないためにも等級ごとの分布と先述の自己評価特性（甘い・適切・辛い）を押さえることが必要なのです（**図14参照**）。

そして、最も大切かつ難しいことは行動様式を把握して忘れないことです。行動様式とは、いつも仕事をするうえでのクセだと考えれば分かりやすいと思います。例えば、4等級甘い自己評価型の加藤氏は、「何か新しいことを始める場合必ず否定するが決まれば率先して動く」というようなものです。最初はとても難しいと思いますが、面談の目的の一つと

図14

等級 定義	甘い 自己評価型	適切自己把握型	辛い 自己評価型
5等級 新市場開拓＊＊	佐藤 （行動様式）	田中 （　　　　）	伊藤 （　　　　）
4等級 新得意先＊＊	福田 （　　　　） 加藤 （何か新しいことを始める場合必ず否定するが決まれば率先して動く	井上 （　　　　）	
3等級 既存商品＊＊		藤田 （　　　　）	野口 （　　　　）
＊＊			

して部下の行動様式を把握すると思えばよいでしょう。

加藤氏に求められる等級基準（4等級：業界内の新たな顧客を開拓し……）と、自己評価の型（甘い自己評価）と、行動様式（何か新しいことを始める場合必ず否定するが決まれば率先して動く）の3点が把握できれば、マネジメントの方法も見えてくると思います。

このように等級というのは使いようによっては非常に重要なものであるにも関わらず、一般社員も現場マネジャーもほとんど意識していないのです。本書では一貫して、人事制度は人事部のものではなく、現場マネジメントを機能させる道具であると述べてきました。その中でも等級基準を意識した面談を行うというのは、対人力を高める有効な施策です。

そして、部下に等級を意識させるところまでいけば、かなりマネジメントスキルが上がったと思ってよいでしょう。適切な競争心がどの仕事においても自分を成長させることは間違いないと思います。最近は日本経済の凋落とともにスローライフ的な生き方を重視する書籍も増えていますし、頑張りすぎないことがよいという風潮にあるようです。

全員がそれでよいわけではなく、そういう人生もよいということでしょう。そのような多様性を認めてその活用を表したものが等級制度です。まだまだ頑張って上を目指させるもの、プロフェッショナルとして活躍するもの、エキスパートとして若手を支えるもの、おのおのが等級フレームの中で自分の位置づけを理解して、次のステップにめがけて学修するための動機づけとして活用できれば素晴らしいことです。そのためには、誰がどの等級に位置しているかは公開して多少の競争心が芽生える仕掛けが必要です。

図14のマップの例でいえば、「何でグチばっかりいっている加藤氏が４等級なんだ、俺は必ず追いついてやる」という人がいてもよいのではないでしょうか。もちろん、そんな質問が部下から来たなら、先ほどの３点セットを使って、「加藤氏は文句は多いが決まったことは率先してやっている、その成果が新規開拓にも繋がっている」と答えることがでます。

⑹　絶対評価と相対評価を分けて指導する

人事の世界で、絶対評価がよいか相対評価がよいかという議論が頻繁に行われます。まず、評価要素の視点から業績評価は絶対評価で、能力評価は相対評価がよいという論があります。また、評価者の視点から一次評価者は絶対評価で二次評価者は相対評価にするという意見も多いようです。さらに、処遇への対応という視点から賞与へ反映させる場合は絶対評価で昇給・昇格への場合は相対評価だという使い方もあります。すべて逆の考え方もあるでしょう。そのメリット・デメリットを人事制度設計の視点で論じた書物は多くありますので、本書では、マネジャーが「並みの社員」を活性化する視点から捉えます。

まず、業績評価の場合です。業績評価は目標数値が達成できたのか、その実現に向けた重点課題をやりきったかどうかを問うものです。先述のようにMBO（目標による管理）を使って推進していく場合が多く、また相性もよいものです。この業績評価の場合、低い目標値を設定し達成した者と、高い目標値にチャレンジして未達であったものの取り扱いがよく問題になります。

目標値を達成しているのにＣ評価（以下５段階評価で上からＳ・Ａ・Ｂ・Ｃ・Ｄ）をつけるわけにはいきません。未達成でも高い目標値にチャレンジしてくれたら、Ａ評価をつけてやりたいと思います。そこで、目標設定時に評価基準を明らかにするということが行われます。例えば、前年実績なみの売上げ目標を設定した甲君に対しては、達成でＢ、105％でＡ、95％でＣとします。また、前年実績から105％増の目標値を設定した乙君に対しては、達成でＡ、95％でＢというように高い目標へのチャレンジをあらかじめ奨励するという考え方です。

この方法でマネジャーが注意しなければならないのは、目標値が高いか低いかをあらかじめ分かるのかという問題です。先ほどの甲氏と乙氏がルートセールスをしていたとすれば、得意先の事情が売上実績には大きく影響されます。もしかすると105％の目標値を設定した乙氏より、100％の目標値を設定した甲氏のほうが難易度は高いかもしれません。業績評価には絶対評価が向いていますが、目標値の設定という問題があり、実は難しい面もあるのです。この例はルートセールスでしたが、新規開拓営業であればさらに目標値の設定は難しいでしょう。また目標が数字ではない定性的なテーマの場合はなおさらです。

では、マネジャーは業績評価をどう扱えばよいのか？　私は難易度は後から決めるのが正しいと思います。先ほどの例でいえば、目標値はマネジャーが振り分けます。それは部門の数値を達成するためにはやらなければならないのです。部下の自己申告目標では部門の目標に足りないこともあるでしょう。また、どうしても低めに目標値を設定したくなるものです。そのようなやり取りをしていても時間の無駄です。

目標値はマネジャーが部下に分担させる覚悟でいきましょう。過去の部下の仕事ぶりや得意先の状況を把握していればできるはずです。定性的な目標であっても問題の認識やその達成阻害要因を把握していなければマネジャーとはいえません。このように部下に目標をいい渡すことこそがマネジャーにしかできない力技なのです。

その責任は期中にもついて回ります。どのように目標に向けて取り組んだのか、得意先やライバルの状況など目標達成に影響する要因はどうであったかをしっかり把握して、難易度を振り返る必要があります。そして、目標値に対して達成した甲氏と未達成であった乙氏の評価をするわけです。目標値として決めたからには、達成してＣということはできないでしょうがＢ（普通）という評価はあってもよいでしょう。それぐらいの裁量を人事部からもらわなければマネジメントはできないはずです。

そんなに大変なら、相対評価でよいではないかという考えもあります。しかし、「並みの社員」を活性化させるうえでは、相対評価は極力使いたくありません。相対評価にすれば、どうしても「できる社員」にＳ・Ａ評価をつけたくなります。目標値があるのだから「並みの社員」にも公正だと思うかもしれませんが、「できる社員」が上得意先と社内からの支援を得やすく、相対評価にするとＳ・Ａ・Ｂ・Ｃ・Ｄの席が固定されがちです。業績評価の場合は社内の他人との比較（相対評価）ではなく、お客やライバルの状況を加味した難易度へのチャレンジを見るべきです。

⑺ 「並みの社員」の関心が高まらない等級制度の失敗例

等級制度はその企業の社員の「戦い方が表れている」と話しました。総合職と事務職に分かれているような場合、総合職がメインでサービスや商品を創造し、顧客に提供します。事務職はそのサポートをするわけです。また、プロフェッショナルやエキスパートといった個人の適正を活かして管理職と一緒に戦っていく形もあります。さらに、その管理職を目指す一般社員層の間は、営業職・製造職・企画職・事務職といたように職種別にライバル企業より高い力量を目指させる戦い型も有効でしょう。

集団で戦う例で分かりやすいので野球を取り上げて見ます。野球は９人でやるスポーツで、控え選手も入れて20人程度がベンチ入り選手です。レベルが高くなれば「並みの選手」はレギュラーどころかベンチ入りさえ難しくなってきます。

では、このベンチ入りさえできなかった「並みの選手」がやる気をなくす最大の要因は何でしょうか。それは、ベンチ入りできない状態が固定化され、上位選手との入れ替えチャンスがない状態です。レギュラー選手は練習メニューから違ってきます。基礎練習はもとより、実践型の試合形式や他チームとの遠征試合など、チームをあげて強化に取り組みます。「並みの選手」は球拾いをしながら、いつかはレギュラーになりたいと思い、うまい選手の技を研究しているはずです。ところが、最初からレギュラーが固定されていて、入れ替えのチャンスすら訪れなかったら彼らはその球拾いに、力が入らなくなってしまうでしょう。

このような状態はレギュラー選手にとってもよくありません。いつ控え選手に抜かれるかもしれないという緊張感がさらに技術に磨きをかけるはずです。また、ベンチ入りできた控え選手もベンチ入りできない選手に抜かれるかもしれないという緊張感はレギュラーになりたいという上昇志向と合わせて効果的に働きます。

マネジャーが等級制度を使いこなすうえでは、この「適切な緊張感」ということを忘れてはいけません。もちろん、過度のストレスを与えるようなことは健康面からも避けなければなりませんが、一部の「できる社員」を安穏とさせることは「並みの社員」だけでなくすべての層に好ましくないのです。

実際のマネジメントで「並みの社員」を活かすには、上の等級にいつでも行けるチャンスがあると実感させることです。あまりのんびりやっていると後輩である下の等級者に追いつき追い越されるかもしれないという気持ちにさせることです。それは、評価でも述べましたが「並みの社員」に成功体験を積ませて昇格した成功事例をつくることです。

それでも、どうしてもベンチ入りできない場合があります。高校野球でいえば、最後の夏の甲子園でベンチ入りできなければ高校生としては試合に出るチャンスがなくなります。そんな選手が最後まで仲間の勝利を観客席で必死になって応援している姿を見ます。これも相手チームとの戦い方の一つです。後輩を束ねて観客席から応援してくれる姿は、われわれにも感動を与えます。

どうしても昇格できない「並みの社員」がいたときこそ、マネジメントの腕の見せどころです。昇格ではない彼らのモチベーションは新たな役割を与えることです。後輩を束ねて観客席からエールを送るような役割を組織の中で見いだすことが重要なマネジメントです。等級制度を使って「並みの社員」を活性化するということは、「等級制度」から漏れた社員を見捨てないということだと思います。

営業成績がなかなか上がらない営業マンに商品知識だけは完全に身につけさせて若手教育を担当させる。なかなかヒット作が出ない商品開発者に次の展示会の後の反省会を仕切らせるなどなど、組織の中で「できる社員」がやらなくてもよい役割はいくらでもあるのです。それを一部のできる社員に何でもやらせるのは、マネジメントの怠慢です。しかも、「できる社員」の負担を増やし、他の層のやる気をなくさせるということです。

第5章

功有るものには禄を与え、能あるものに職を与える（報酬制度）

(1) 禄の分類（何に対して支払うのか）を人事部と話し合う

「功有るものには禄を与え、能あるものに職を与える」が報いることの基本です。西郷隆盛は南州翁遺訓の中で「官はその人を選びてこれを授け、功有る者には俸禄を持って賞し……」と述べています。現代のビジネス社会に置き換えれば、「昇進・昇格はその人物がその地位にふさわしいかどうかをよく吟味し、実績がよいものには賞与等の報酬で報いるべきだ」ということになるでしょう。

評価には業績評価（目標・重点課題)、コンピテンシー評価、職務技量評価、能力評価、姿勢評価などがあり、マネジャーが各々の評価を使いこなす要諦を話してきました。本章ではそれを報酬に反映させる際のマネジメントについて検討していきます。

ただし、これまでの評価や等級と違って、報酬面は人事部が主導で行っており、マネジャーにはブラックボックスの面が多いのも事実です。具体的な賃金の上げ下げの仕組みを理解して計算するのは人事部の仕事ですからやむをえない面があります。そこで、マネジャーには各評価と報酬との関係を理解してもらうことにフォーカスします。

報酬は支払い原資が決まっているため「並みの社員」に報いるということが難しいわけですが、これを業績との連動性で考えるとマネジメントのコツが浮かび上がってくるのです。具体的には賞与を「原資の話とそれを個人に分配する話」にきちんと分けて理解していることが重要です。大手企業では前年度の業績や世間相場などから当該年度の夏冬の賞与平均支給額をおのおの2.5ヵ月という形で決めるところが多いでしょう。この場合、全社員に一律2.5ヵ月という企業は少なくて、全体で2.5ヵ月の原資を確保するが、個人分配は評価に応じて2.5ヵ月プラスマイナスがあるという企業が増えています。本書の読者層は中堅以下の企業を想定していますが、最近はかなりの企業で賞与原資になんらかの業績との連動性を持たせているのが実情です。ある「並みの社員」の月例給が300,000円として、企業全体の業績がよくて原資が３ヵ月平均の場合と、逆に業績悪化で2.0ヵ月平均の場合では、１ヵ月分（300,000円）の開きができるわけです。

このように、賞与原資と個人分配の話を切り分けて部下に伝えることができるマネジャーは意外と少ないのです。それには、経営層や人事部の説明力不足にも問題があります。私

図15　業績と人件費の連動化

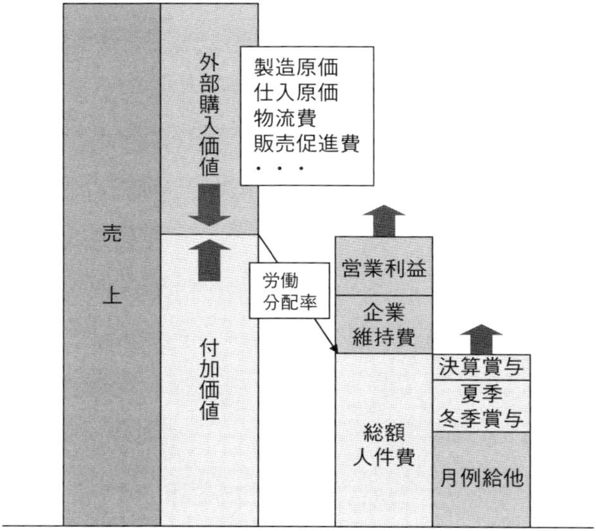

はコンサルティングの際、企業業績と総額人件費の関係を分かりやすくしくみ化することをよく行います。**図15**のように、売上高から外部購入価値（努力すれば効率よく削減できる変動費と理解すればよいでしょう）を控除したものを付加価値と定義します。

その付加価値と労働分配率を掛け合わせたものが総額人件費です。総額人件費から月例給等の既払い人件費を控除した残りを賞与原資とするわけです。そうすれば、「売上げを上げて外部購入価値を削減しようという意識を全社員に芽生えさせることができますよ」というような話をします。

経営者や人事部の方の中からは、「うちもよくにた感じでやっています。当期利益がどれぐらい出たかで、翌年度の賞与を決定していますから業績連動です」というような話が返ってくることがあります。ところが、ここには二つの問題があります。

一つ目の問題は、そのしくみをマネジャーが知っていますか？ということです。「どの業績をどれぐらい上げれば賞与原資が増える→その結果、同じＢ評価でも個人分配は増える→並みの社員も報われる」という好循環の流れを理解して現場のモチベーションを上げるのはマネジャーの重要な人事制度の使い方の一つです。それなのに、経営層や人事部だけがこの業績と人件費の連動性を知っていても効果は少ないのです。

二つ目は、「当期利益に社員が日々関心を持てるのか？」という問題です。当期利益に影響を与える要因は売上げや粗利といった社員に分かりやすい数字だけでなく、支払利息等の営業外収益、特別損失、税金等が影響し、経営の判断で大きくぶれる可能性が高いものです。また、決算を締めてみないと数字が固まりません。それでは、社員が毎日努力しようという意識が薄れてしまいます。そこで、社員に身近な数字として、先ほどのような付加価値との連動性で設計することが多いわけです。

その付加価値も企業によって、変わってきます。例えば、ある食品メーカーでは小売店への販売促進費の効率よい使い方に頭を悩ませていました。そこで、売上げから（原価＋配送費＋販売促進費）を控除したものを付加価値と定義したのです。マネジャーは売上げを上げるだけでなく、効率のよい配送ルートの設計や受注単位、また、効果の高い広告メディアの選択など、付加価値を上げるための知恵と行動を社員に求めることができるのです。

(2) 職を与える人間と禄を与える人間を間違えてはならない

職を与える（昇進）と禄を与える（昇給・賞与）ことの影響をマネジャーは理解しなければなりません。例えば、昇進者は辞令等の交付により、対象者が明らかにされるということが最大の特徴です。かたや昇給・賞与は平均値（組合平均、従業員平均、役職・等級別平均の額や率など）が示されるに留まり、個人の支給額が公開されることはほとんど皆無でしょう。

この影響の大きさをマネジメント上理解しなくては、人事制度は使いこなせません。昇進は皆に知れることにより、その企業や上司は「何を大切に考えているのか」が明らかになります。例えば、「業績はよいけど、協調性がなく会社の方針に従わないワンマンプレーヤー」A氏がいたとします。このA氏が昇進をして会社の重要なポジションを獲得したら他のメンバーはどう思うでしょうか？

そうか、「数字さえ上げれば会社の方針に従わなくても評価されるのか」と思うでしょう。社員はマネジャーが考える以上に会社側のメッセージを読み取ろうとするものです。それが間違ったメッセージとなって伝わってしまうことが結構あり、組織風土悪化の要因になっています。

ある経営者の方と話していたら「うちの社員は全然新商品の導入に力を入れない」とこぼしていました。「新商品をどんどん売場に導入できれば、得意先からも提案型企業として見られるし、粗利率も新商品のほうが高い。新商品の販売状況を分析し、次の開発へ活かすためにも早急に市場へ導入しなければならない」という状況です。

ところが、営業のマネジャーは実績重視で堅実主義です。現場担当者に新商品の導入で飛躍にチャレンジさせるより、既存の売上げ数字を維持することを優先させる傾向にありました。このような組織で現場担当者が率先して新商品の導入を行うわけがありません。

本書が経営者向けのものならば、「管理職に就ける人材は実績もさることながら、社長の方針を理解し、それを現場ごとの行動に置き換えることができるものを任命するべき」と書くところです。現場マネジャーが「並みの社員」を活性化するために人事制度を使いこなすことが本書のテーマです。すでにあなたはマネジャーとなっているわけです。

そこで、上司をマネジメントする力が求められてくるわけです。この局面は多少売上げを落としてでも新商品にチャレンジさせることを優先するのか、それは遅らせて安定した売上げを確保するのか。この決断は現場担当者ではできません。マネジャーが経営層と手を握る必要があります。そして、新商品を拡販すると決めたらそれに向けて思い切り舵を取りましょう。現場の動きは100言っても100変わるわけではないのです。

ここでの人事制度を使いこなすポイントは、マネジャーの指示どおり動いてくれた社員に職を与えるということです。先ほどの昇進者と同じように「誰が評価されるのか」を他のものに伝えることで、その動きを加速させることができます。具体的には皆の前でまずは褒めるということが即効性があります。よくマネジメントの本で褒めることの有効性が書かれていますが、もっと踏み込んで考えれば、会社の方向性に向けて動いた社員を褒めるのであって、実績だけ上げた社員を褒めれば逆効果だということです。

実際の人事考課の際は、昇進につながる評価項目を見極め、このような社員によい評価をつけてやらなければなりません。売上げ実績がよいとチャレンジャブルな行動や積極性を問う評価もよくつけてしまいがちです。マネジャーが人事制度のしくみを理解して、昇進に値すべきものにはそのウエイトが高い評価項目をしっかり認めてやる。また、賞与等の短期の成果配分要素が強い評価項目（売上げ数字など）は、それはそれで実績を上げたものをしっかり評価してやる。

このように、「能あるものには職を与え、功あるものには禄を与える」という人事制度の使い分けをマネジャーができれば、経営方針に向けたスピード感のある組織を作ることができます。また、実績を上げたものも賞与等の成果配分ではしっかり報われるので、企業としての業績向上も軽んじられることはないはずです。

(3)　報酬はマネジャーができる範囲を間違えてはならない

「能あるもの」と「功あるもの」を見極めることが人事制度運用の基本でした。それを報酬へ反映する場合の留意点をこれから検討します。実は報酬を決める権限はほとんどのマネジャーに与えられていません。これまで述べてきた人事制度の使い方も評価そのものや、その評価が昇進・昇格、報酬へどういう影響があるかを理解して使いこなさなければならないというものです。

実は、マネジャーとして使ってはならない言葉は報酬水準を約束することです。繰り返しますが、部下にどういう評価を与えるかはマネジメントの責任です。また、それらの評価が昇進に影響を与えるものか、昇格に近づくものか、月例給の改定に使われるものか、さらに賞与の分配根拠となるものかを理解して使いこなさなければなりません。それでも、「いくらぐらいはもらえるだろう」というのは、人事部に任せるべきです。人事制度が明快でA評価であれば10,000円の昇給というように決まっている場合でも、マネジメントの権限として話すのではなく、その人事制度説明書を使って、「もしA評価が確定したら……」という説明に留めるべきです。この場合でも、マネジメントの段階では絶対評価で、最終の報酬を決める段階では相対配分されているケースが多いので注意が必要です。マネジャーがつけた評価が最終段階で変わることはよくあります。

マネジャーが人事制度を使いこなす要諦の報酬に関する面では、報酬決定への権限は弱いと理解させることも必要です。「そんなマネジャーでは部下を動かすことができないのでは？」と思われるかもしれませんが、決してそんなことはなく、これまで述べてきたように評価制度と等級や報酬との関連を理解して、「能あるものに職を与え、功あるものに禄を与える」を実践していれば、部下からの信頼は相当なものとなっているはずです。できもしないのに、部下に報酬を約束し、信頼をなくしてしまうようなマネジャーが最も人事制度の使い方が下手なのです。

それは、部下から信頼をなくすだけでなく、人事部とのコミュニケーションを悪くします。昇給原資、賞与原資は、業績との連動性、業界内外の世間水準、組合との交渉、経営の意思が複雑に絡み合い決定されます。人事部はその決定に関してロジカルに決めたいと思っていても、なかなか思うとおりにはならないものです。それにも関わらず、現場もマネジャーが金額に関することを口にして、その噂が一人歩きするようなことになると、人事部としてはその収拾に思わぬ労力を使うことになります。

人事部が最も困るのは、不公正感です。あの部門はマネジャーが賃金まで決める権限があるとなったら、他のマネジャーから突き上げられてしまいます。この不公正なイメージを持たれるのが困るので、ますます人事部は他部門とのコミュニケーションをとらなくなりタコツボ化していくのです。

「人事部が現場をもっと知らなければならない」とするのが一般的ですが、本書は現場マネジャーがもっと人事部に歩み寄らなければならないとするものです。そのためには、人事部に任せる部分とマネジメントが深く関わる部分を理解しておくことが必要なのです。

例えば、部下のマネジメントをするには、まず部下に関心を持たなければなりません。関心があれば、部下の家族や健康の問題にも気をつけることができます。また、仕事でうまくいっていない部分をフォローすることもできます。もちろん、日々の指導・育成が期末の評価の納得感につながるわけです。それでも、部下が触れられたくないこともあります。個人個人にはなかなか変えられない価値観があって、それを否定されればコミュニケーションは断絶してしまいます。

人事部と現場マネジャーの関係も似ていると思うのです。

人事制度に関心を持てばいろいろなものが見えてきます。本書はこれまで、どのようなものが見えるのかを説明してきたといっても過言ではありません。しかし、報酬の決定権は経営層と人事部固有の価値観を持って決めるしかないので、あまり踏み込んではいけません。それでも、月例給と賞与の特性から、マネジャーが理解しなければならないことは多いので、これからその点について検討していきます。

(4) 賞与への反映は、MBOを中心に絶対評価で行う

さまざまな企業のマネジャーと報酬についての話をしていると「賞与」と「月例給」の区別なく、年収ベースだけを重視している場合があります。実際、個人としては年収で増えた減ったを考えており、生活設計も年収がベースになっていることが多いでしょう。

しかしながら、マネジメントサイドにおいては明快にその２つを使い分けて、有効なインセンティブとして機能させることが必要です。「月例給」とは何に対して支払っているのか、「賞与」とは何に対して支払っているのかを深く考えることがスタートです。第１章では、人事制度を使う前に業績と人件費の連動性を理解することがマネジャーにとって重要だと述べました。ここでは特に「賞与の機能」について深く考えるということを再掲します。

「賞与とは何に対して支払うものか」。私は、「賞与」は短

期の業績結果に基づいて支払われるものだと考えています。そうであれば、社員が追い求める業績とは何かを定義しなければ、そのメッセージが現場に伝わることはありません。その際、①全社の業績とは何か、②部門の業績とは何か、③個人の業績とは何かというように階層別に捉える必要があります。

繰り返しますが、ここで注意しなければならないのは、現場にそれぞれの業績を上げなければというメッセージが伝わるかということです。

「全社の業績と賞与原資の連動を理解させる」。まず、全社の業績に関してですが、現場のマネジメントに使う場合は、「付加価値」という概念で捉えるのがよいでしょう。経営幹部に対しては、ROA、ROE、EVA 等、資本の効率性やコストを考慮した指標も有効だと思います。しかし、現場でそれを理解して何かの動きにつなげられ人がどれぐらいいるでしょうか。

その付加価値の計算方法は、さまざまで、加算法（経常利益に金融費用や人件費等を足していく方式）や控除法（売上高から原材料費や外注加工費等を引いていく方式）がありますが、控除法が現場には分かりやすいでしょう。

どこまでを付加価値とするかは、企業特性に応じてよく吟味する必要があります。例えば、売上げを上げるだけでなく、何とか荷造運送費を効率よく使うことに知恵を絞らなければならない消費財の卸売業者であれば、「付加価値＝売上－仕入原価－荷造運送費」とし、その付加価値と全社員の賞与原資を連動させます。そうすれば、営業部門と物流部門の連携が取りやすくなります。

この全社の業績との連動性は、経営幹部や人事部が設計していると思います。ですから、本当にこの概念で計算されているかどうかという説明が重要なのではありません。人件費は付加価値から捻出されるものである（人件費と企業維持費と必要な営業利益の合計が稼がなければならない付加価値）との認識がマネジャーには必要なのです。

「部門の業績、個人の業績に応じて、分配する」。全社の業績とは何かが決まって、その業績に連動して賞与原資が決まったら、次に個人分配の方法を考えます。仮に会社が部門業績を賞与分配の際に考慮するしくみだとします。その場合、問題になるのが部門の業績とは何かということですので、そこを中心に話します

部門の業績を考える際に重要なことは、その部門が会社の中で果たしている機能について、もう一度整理しなおすことです。ここ何年も組織を見直していない企業の場合、組織編制時と現在とでは、お客様もライバル企業も違うのに、まったく同じ手法で仕事を繰り返している場合があります。

例えば、先述の消費財の卸売業の例であれば、以前は大手チェーンの仕入担当者からいわれるままに、各メーカーの商

品を販売していました。収益性が悪化してきたので、中堅のスーパーと提携して、そのお店のPB（プライベートブランド）生産を重視するようになったとします。営業部隊は企画・生産部隊と連携して、PBの提案を繰り出さなければなりません。

しかしながら、どの部門も「PB提案数」という指標を追っておらず、売上げという結果しか見ていなければ、新しいビジネススタイルは浸透しないばかりか、動き出すことも難しいでしょう。

このように、部門の業績とは何かを決めて、それを個人まで落とし込むことは、まさしくマネジャーの仕事であり、部門業績指標やその成果配分である賞与をうまく使いこなせば、効果は絶大です。そして、全社員で獲得した賞与原資を現場の動きに応じて分配するのです。

それが、「賞与の機能」ですから、能力評価やコンピテンシーだけで、賞与を分配することは望ましくないことが分かると思います。

ここまで記述してきたことのまとめとして、賞与を機能させるためのステップを再度示しておきます。

ステップ１：全社業績の決定
全社員で追い求める付加価値とは何かを決める

↓

ステップ２：賞与原資の取り方
その付加価値と全社員の賞与原資を連動させる

↓

ステップ３：部門業績指標の設定
お客様やライバル企業を考慮して、部門の業績指標を決める

↓

ステップ４：個人目標の設定
個人の目標に部門業績指標達成方法を落とし込む

↓

ステップ５：個人分配の仕組み
賞与原資を部門業績指標の達成率や個人評価で分配する

このようなしくみに会社の賞与制度がなっていないことが多いでしょう。業績連動型の賞与制度を取り入れている企業が増えてきたとはいえ、まだまだ、このような系統立てたも

のにはなっていないのが実情です。しかし、私の経験からしても業績と賞与の連動はもっとも分かりやすく社員の動きを加速させるためにも有効な施策です。マネジャーは人事部よりもこのあたりのしくみを勉強して、人事部に上記のような機能を盛り込むことができないかを働きかけてみてください。

マネジャーが報酬金額の決定にまで踏み込むのはよくないという話をしましたが、この賞与制度のしくみに関しては人事部とよく話し合ってほしいと思います。そして、現場が分かりやすく、楽しく、自分たちで賞与を稼ぎ出したと思えるしくみへ少しでも改善できれば、日常のマネジメントもぐっとやりやすくなるでしょう。

(5)　月例給への反映は「人事を尽くして天命を待つ」

それに対して、「月例給」に関してマネジャーが関与できることはあまりありません。そのこともマネジメント上、重要なのです。月例給は、何に対して支払われているのか？

月例給は基本給、役職手当、その他手当など、いくつかの要素で構成されていますが、ここでは、基本給の中の給与改定対象になる部分を前提に話します。基本給が本給＋職能給や年齢給＋貢献給、さらに職務給などに分かれている場合、職能給、貢献給、職務給部分だと考えてください。

名前が示すとおり、職能給は職務遂行能力を評価して決定されるものです。貢献給であれば業績やコンピテンシー、技量などが評価された結果です。いずれも人に対して支払われているわけです。一方、職務給は仕事そのものに対して支払われていますので、仕事が変わらなければ基本は同じ給与ということになります。こういった考え方が一般的ですが、企業によっては多少解釈が違って、運用されている場合もあります。

いずれにしろ、月例給というのは一度決定されると、その影響が後まで及ぶものであるということをマネジャーはよく理解してください。例えば、賞与であれば、今回頑張ったので３ヵ月支給したとしても、次回は結果が思わしくなく２ヵ月であったということもありえます。もちろん、組合との協定などで年間４ヵ月保証という場合もありますが、前回の支給額が今回の支給額に及ぼす影響は限りなく少ないものです。

ところが、月例給は話がまったく異なります。仮に、Ａ氏が300,000円の支給を受けているとして、次回の給与改定で10,000円の昇給をしたとすると、310,000円の月例給となります。当たり前ですが、250,000円しかもらっていなかったＢ氏は、同じように10,000円昇給しても260,000円の支給に留まります。

これをマネジメントに置き換えるとどういうことか考えてみましょう。仮に前のマネジャーがＡ氏を非常に買っていて、よい評価をつけ、人事部に働きかけて昇給額を多めにした結果がこの300,000円だったとします。でも、新しいマネジャーはＡ氏とＢ氏の実力は大して差がないと判断しているとしても、先ほどの50,000円の差を埋めることはできません。もちろん、Ｂ氏のほうが上であれば、今度はＢ氏の昇給額を増やしていつかはＡ氏に追いつくことができるでしょう。しかし、同じ実力と判断しながら、Ａ氏に追いつかせるだけのために、Ｂ氏の昇給額を増やすことは難しいのです。

このような例は、中途採用者と生え抜き社員の間にも起こります。優秀な中途採用者を採るために、社内規程より高い月例給で迎え入れるとＡ氏のような状態になります（同程度の年齢、経験の場合）。逆に中途採用だからといって低めの月例給で採用すればＢ氏ということです。このような不合理が起こるのを避けるために、優秀と思われる中途採用者を採用しないというのも本末転倒の議論です。

そこで、過去の月例給部分や入社時のいきさつをマネジャーが解消しようとすることはやるべきではありません。先ほどのＡ氏、Ｂ氏のように現在の実力を適切に評価すればよいのです。そして、その矛盾が解消できるチャンスが昇降格の運用におけるマネジャーの進言なのです。

詳細に月例給の制度を分析してみてください。等級制度が導入されているほとんどの企業では**図16**のように等級ごとに給与の範囲が決まっています。企業によってその範囲の長さや上位等級との差はさまざまですが、おおむねこのような感じではないでしょうか。横軸が等級で、縦軸が月例給です。

図16　等級と月例給の関係

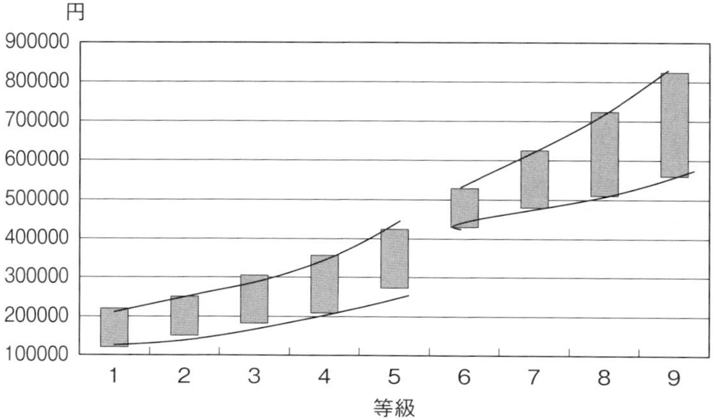

２つのグループになってるのは、一般社員層と管理職層の違いを表しています。

この等級と月例給の関係をマネジャーが理解することは重要です。恐らく、Ａ氏とＢ氏に50,000円もの給与の差ができているのは、前のマネジャーがＡ氏をＢ氏より早めに昇格させたことが原因だと思います。そこで、新しいマネジャーはＡ氏とＢ氏の実力が同じであると判断するならば、同じ等級にＢ氏が追いつくよう昇格に向けてできることをするべきです。前にも話したように昇格に影響のある評価（例えば、コンピテンシーや職務遂行能力）でＢ氏の実力をしっかり証明するわけです。

繰り返しますが、何の評価がどこに（昇格降格、給与改定、賞与など）影響があるかをしらなければマネジメントができないという理由はこんなところにあるのです。そして、最後は「人事を尽くして天命を待つ」の心境です。月例給はさまざまな要素がからみあって決定されるわけですから、どれぐらいのタイミングでＢ氏がＡ氏に追いつくのかに過大な気をかけることはやめましょう。

(6)「並みの社員」の関心が高まらない報酬制度の失敗例

評価というのは賃金の上げ下げのためにあるのではなく、部下の指導・育成のためにあるのだという話をずっとしてきました。MBO は、どのような業績をどうやって実現していくのかの戦術をまとめたものです。職務技量評価は、もう少し日常的な業務に焦点を当てて（営業であれば提案書作成、商品開発であれば試作品作成など）どのようなレベルで実現するかを定義したものです。コンピテンシーは高業績者に見られる行動特性から学ぶものです。さらに、積極性や協調性といった姿勢も重要です。そして、職務遂行能力はこれらのベースとなる能力で目に見えない部分も多く、年功的な運用になりがちだけれども、将来性という面では重要な視点です。

部下の何が足りないのかを上記のように系統立てて考えられれば、適切なマネジメントが可能です。なかなか実績が上がらない商品開発の甲氏。どこを変えなければならないのでしょう。与えた目標（例えば市場シェアを10％高める商品開発）が高すぎたのでしょうか。それを達成するための重点課題（例えば、既存商品を小型化してポータブル性をアップ）が的を外したものだったのでしょうか。これらが原因ならMBOにおいて、しっかり軌道修正をしなければなりません。

そうではなく、甲氏の実力そのものが、この重点課題を達成するためには物足りない場合もあります。設計図の完成度が低いのか、周りのメンバーを巻き込んで完成度を上げるコミュニケーション力が足りないのかといった問題であれば、職務技量やコンピテンシーを磨かなければ実績は伴わないでしょう。

このように、マネジャーが人事制度を理解して、日常指導に活用できることが理想です。私のコンサルティングにおいてもこの段階を目指して、人事制度設計後のマネジメント教育を行っています。ところが、最後に現場のモチベーションを台無しにしてしまうものが報酬決定のための「人事標語」です。MBOであれ、コンピテンシーであれ、その中の個別項目ごとにはしっかり評価をしなければなりません。先ほどの甲氏でも設計図の完成度という面ではCでも、デザイン性ではAということがあるでしょう。ところが、賃金決定のためには、総合評価としてのS・A・B・C・Dを決定しなければならないという制度が大半です。

そうすると、昇給にしろ賞与にしろ原資は決まっているので、せっかく頑張った「並みの社員」にはB～C評価がつくわけです。特に月例給に関する評価は先述のように後々まで引きずりますので、「できる社員」との相対分布によって「並みの社員」は悪い評価になりがちなのです。

個別項目においては、しっかりとした説明ができたとしても総合評価を説明するのは至って困難であることは子供の通知表を考えれば分かることです。国語４、数学２、理科２、社会５、体育３の子供がいたとします。個別にはテストの点数や授業中の受け答えで判定根拠の説明ができるでしょう。でもこの子供の総合評価は？　典型的な文系タイプであることは明らかですが、総合的に３とはいえないでしょう。ですから、子供の通知表に総合評価がないのは納得できるしくみだと思います。

人事制度の王道からは逸脱しているかもしれませんが、私は賃金の上げ下げを決定するための総合人事標語は人事部が決めればよいと思います。マネジャーがフィードバックするのは、個別項目のみで、総合評価をフィードバックする必要はないのではないでしょうか。もちろん、結果としていくら昇給したか、賞与分配がどれだけあったかは給与明細を見れば個人には分かるわけです。すぐにこのようなしくみに変更することはできませんし、マネジャーの権限で決めるものでもありません。しかし、最終標語を出すために、マネジメントに相対評価をさせる、その結果「並みの社員」のモチベーションが下がるという構図があることは事実です。ぜひ、人事部とこのあたりの議論を交わしてみる価値があるのではないでしょうか。

第6章

組織の中の「人材育成の実態」

(1)　入社してくるのは普通の子

この章では、組織の中で行われている人材育成の実態にフォーカスして「並みの社員」活性策を検討します。その基本は、「できる人」のモノサシで他人を計っては「並みの社員」を育てることはできないということです。

「並みの社員」は、並みの人しか分からない思考があるのです。それは、子供の頃にさかのぼった「経験」「考え方」「周りの人からの扱い」など、さまざまなことがらが影響していると思います。

企業の採用担当者であれば、「おかしい、採用時は優秀なヤツばかりを採ってきたのに」と考えかるもしれません。ここに２：６：２の法則が成り立つ落とし穴があるのです。ご存知の方も多いと思いますが、簡単に２：６：２の法則を復習してみましょう。元になる理論はヴィルフレド・パレートというイタリアの経済学者が唱えた「パレートの法則」というものです。この法則は、２割の高額所得者のもとに社会全体の８割の富が集中し、残りの２割の富が８割の低所得者に配分されるというものです。企業に置き換えれば、２割の優秀な社員が会社の利益の８割を稼ぎ出すということです。これを組織に当てはめると面白いことが起きるのです。上位の２割が「できる人」で６割が「普通の人」、残り２割が「ダメな人」という構成になるという経験則なのですが、その上位２割だけを集めても、その中でもまた、２：６：２の法則になるということです。同じように下位の２割だけを集めても、ちゃんとその中で２割の人はリーダシップを発揮して高い生産性を上げていきます。

優秀な人ばかりを採用したつもりでも、その中の６割は「並みの働き」しかせず、下位の２割は「ダメ社員に」なってしまいます。昨年は巨人軍の活躍が目覚しいシーズンでしたが、一時期、各チームの強打者ばかりを集めても勝てないことがあったのを覚えています。やはり、強打者の集まりの中でも、巨人軍に入団しても活躍し続けられるのは上位２割程度なのでしょう。よくマスコミで取り上げられた巨人軍というプレッシャーだけが原因ではないと思います。他の球団が同じように強打者ばかりを集めても同じ結果になった可能性が高いでしょう。

さて、ここからが本題なのですが、企業数で世の中の大半を占めるのは中堅・中小企業です。中小企業白書2010年版によると、一次産業を除き、全企業数の99.7％が中小企業で約420万社です。そこで働く従業者数は2,784万人で全従業者数の69％です。

※中小企業の定義とは中小企業基本法に基づく以下の定義。
常用雇用者300人以下（卸売業、サービス業は100人以下、小売業、飲食店は50人以下）
または資本金３億円以下（卸売業は１億円以下、小売業、飲食店、サービス業は5,000万円以下）の企業を中小企業とする。

その2,784万人の60％を占める1,670万人の活性化をテーマに本書は書かれています。もちろん大企業にも60％の「並みの社員」ができてしまうわけですが、入社後の人材育成策が中小企業よりは恵まれているだろうということで、主に中小企業にターゲットを絞り込みました。中小企業にも学生時代から「できた人」がたくさん入社しますし、その後の教育・訓練に多大な時間と費用をかけ熱心に取り組んでいる企業も多いことはコンサルティング経験からも十分理解しています。ここでは、先ほど述べたように全労働人口のうち大きな割合である「中小企業に従事する“普通の人”」をその一般的な傾向から考察してみます。これまでの人材活性化本がこのあたりのターゲットを明確にしたものではないものが多いので、検討の意義があると考えているわけです。

さて、私が勤めた、あるいはコンサルティングをしてきた中小企業からそこで働く「並みの社員」像に迫ってみたいと思います。キーワードは「学習することへの関心の低さ」です。

誰しも経験があることですが、「関心のあること」に対してはものすごく感度が上がるものです。例えば、奥さんが妊娠しているときは「世の中に何て妊婦が多いことだろう」と思われたでしょう。電車の中で妊婦が立っていようものなら、すかさず席を譲ったに違いありません。また、自分が趣味にしていることは意外に目に付くものです。私はマイナーなスポーツの一つであるバドミントンをやっていますが、ラケットバッグを持って歩いている主婦や学生などがよく目につきます。愛用車もそうですね。自分が乗っている車が結構世の中に走っていると思うでしょうが、乗り換えると、今度はその新しい車が目につきます。

「普通の子」は、学校生活であまり強烈に学習することに関心を持つことがなかったのではないでしょうか。もちろん、大好きなタレントはいたでしょうし、熱中するTVゲームもあったでしょう。また、少年野球やサッカー、ピアノや絵画などに興味を持っていた子も多いと思います。

なぜ、「普通の子」が学習に関心をなくすのか？　少し私の経験から振り返ってみたいと思います。私は中学時代はかなり頑張って勉強していました。テストは、学年に350人位居た中で、ほとんど５位以内であったと思います。それは、順位に非常に関心があったからです。５番と10番では、まったく異なります。その成果が報われて、進学校に入学したのですが、そこでは350人ぐらい居た中で100番程度でした。そのうち、順位に興味が薄れ、卒業する頃には300番に近い状況だったと思います。100番も200番もそんなに変わらないと思っていたらズルズル下がっていったという感じです。そして大学受験にも失敗し、フリーターを５年近くも経験したのち、地方の中堅企業に就職しました。「並以下の社員」としての社会人スタートであったと思います。その後、マネジメントに目覚め学習することを再開したという経験があります。

「できる子」の気持ちも「普通の子」の気持ちも分かります。中堅企業の「並みの社員」というのは、まさしく私自身のことでした。「並みの社員」は、人事制度というテストに関心が高くないのです。

(2) 世の中の人材育成本は“学習好き”が書いている

世の中の“人材育成”に関する本は、「できる人」が書いています。経歴を見れば、○○大学もしくは大学院を出て、大手企業に勤めて、人事部や経営企画部といった社内の中枢部門を経て独立といった方が多いようです。では、彼らの子供時代はどうだったかというと、少なくても何かしらの得意科目があったのではないでしょうか。文系出身者であれば国語、英語、社会のどれかは楽しく勉強していたはずです。理系出身者であれば多くの子供が嫌いな数学や物理が得意でクラスの尊敬を集めていたかもしれません。

そのような学習が好きだった、かつ学習による何かしらの成功体験（受験・入社試験……）を持っている人が、自分の体験（大企業で行われている人材育成）を書き綴っても、読む方はピンときていないことが多いのではないでしょうか。

また、その前に、そもそも本書がターゲットにしている「中小企業の普通のビジネスマン」はそのような本を読んでいないのではないでしょうか。人材育成に興味があるのは、育成されなければならない本人ではなく、経営者層や人事部といった、２：６：２の法則で言うところの上位２割の方でしょう。大人になると読書量というのは極端に分かれます。読む人は月に10冊以上という方も珍しくありませんが、１年に２～３冊以下という方も非常に多いと思います。私が勤めてきた中小企業や、コンサルティングをしている先の従業員の方の話を聞いても、ほとんど書籍など読まないという人が結構いました。

２割の「できる人」が書いた本を２割の「できる社員」が読み、２割の「できる人」向けに、人材育成を実施しているのが現状の姿だと思います。多くの学校で行われていた授業がそうであったように、残りの８割の社員はさめた目で見ているというか、そもそも関心がありません。

できる２割の社員が頑張って働いていれば、残りはフリーライド（ただ乗り）していても業績が上がり、会社が成長し、社員の報酬が増えていた時代は問題なかったことでしょう。しかしながら、このままでは縮小に向かわざるをえない日本経済、またそのけん引役である中小企業においては、残り８割の社員が活躍しなければならないのです。まずは、その８割の中でも並みの６割にスポットを当てようというのが本書の主旨です。もちろん、組織には２：６：２の経験則が成り立ちますから、この６割が頑張れば、上位の２割と入れ替わったり、上位の２割がさらに頑張って先を行ったりしながら、全体として底上げされていくという面白い現象が起きるはずなのです。そこに６割の「並みの社員」にスポットを当てる理由があります。そして、もう一つの大きな理由は、２：６：２だとすると６×10％UP のインパクトは大きいことです。

仮に、ミドルパフォーマーの業績を100としてハイパフォーマーは２倍（200）の業績、ダメ社員は半分（50）だとします。業績と構成比を掛けると、全社への貢献は前出**図６**（**42**頁参照）にまとめることができます。

この構成比60％のミドルパフォーマーに火がついて、10％の業績が向上する（110になる）と、全社への貢献は66になり、全社的には６の業績向上につながります。ハイパフォーマー層にこれを期待すると全社への貢献を40→46にしなければならず、個人的には200→230の業績を期待することになります。これまでも突っ走ってきた、ハイパフォーマーにさらに15％頑張らせるわけで、バーンアウト（燃え尽き症候群）

への危険を感じずにはいられません。

同じようにローパフォーマー層に期待すれば、全社への貢献を10→16にしなければならず、個人的には50→80の業績を期待することになります。なんと60%もの上乗せであり、これはマネジメントを通り越した、神業に近い状況ではないでしょうか。もちろん、若干名にはこのようなことも可能でしょうが、あくまでも層全体としての実現性には乏しい話です。

また、新興国の経済成長をみてもミドル層の力強さが際立っています。例えば、ブラジルは2016年のオリンピック開催地にも選定されました。堅調な個人消費は中間所得層の所得の伸びが個人消費全体を牽引し電化製品や加工食品への設備投資を促す構造が好調の要因です。かたや、アメリカや日本のように今回の景気後退の影響を大きく受け、いまだに引きずっている国では、この中間所得層の元気の無さが顕著です。

(3) コンサルタントは、自分のモノサシで計っている

コンサルタントを使って人材育成をする場合を考えて見ましょう。私自身がコンサルティングに従事しており、外部の人間が経営改革の支援をする意義は非常に大きいと思っています。やりがいのある素晴らしい仕事だと自負しています。しかし、これもまた成功するプロジェクトばかりだとは限り

ません。コンサルティングプロジェクトが失敗する原因は、さまざまな要素が絡まりあい、一言で説明できるようなものではありませんが、コンサルタントを評価する側（クライアントのキーパーソン）が２割の「できる人」だということも大きな要因だと思います。

コンサルタントはクライアントから評価され、適切な料金を頂かなければ成り立ちません。その場合、クライアント側の評価者は経営者であったり経営企画室長であったりします。私の領域である人事・組織に関わることでしたら、人事部長ということも多いでしょう。いずれにしても「２割のできる人」です。そこで、彼らに評価されるためには、かなり高度な成果物が要求されることでしょう。戦略系のコンサルティングであれば分厚いファイルに環境分析から方向性、なすべきことまでビッシリ記述された報告書かもしれません。人材開発であれば、精緻な人事制度から大掛かりな研修体系、複雑なインセンティブまで、ありとあらゆるモチベーションアップ策が検討されます。

さて、これらは一体誰が実行するのでしょうか？　どんなに素晴らしいキレのある戦略も実行するのは最先端の現場に決まっています。ありとあらゆる社会現象や政治的要素なども見据え、業界内の動向も捉えることはもちろん、「自社の強みを活かした打ち手はこれしかない！」と戦略コンサルタントが経営陣と書き上げたシナリオを現場の人はほとんど理解できていないでしょう。その原因は、今私が述べたストーリーにあります。「なぜ？その戦略なのか」、「自分の立場に置き換えればどういうことなのか？」その戦略を立てたコンサルタントと経営者はこの２点をよく理解しているし、「実行あるのみ！」と意気盛んなことでしょう。

ところが、６割の「並みの社員」が働く現場ではいつもどおりの光景が繰り返されているハズです。営業はいつもと同じお客様からの問い合わせ・発注・クレームを処理しています。その営業が起点となって、購買も生産も物流も行われる会社であれば、すべてが変わるわけがありません。もちろん自動車メーカーのように、生産側で新車発売や生産中止を決定して、自社の販路で販売するような場合は、商品に関するチェンジは行いやすいでしょう。それでも、現場の営業マンが戦略どおりディーラーに働きかけてくれるかどうかは分かりません。

もっと深刻な問題は現場最前線の「並みの社員」を育成・指導する「並みの管理職」にあります。ここでもう一度、２：６：２の法則の話を思い出してください。管理職になったということは、恐らく２割の「できる人」であったので昇進・昇格を果たしたのだと思います。しかし、その管理職の中でも２：６：２の法則が成り立ちますから、やはり６割は「並みの管理職」である可能性が高いのです。その「並みの管理職」は新しい戦略の「なぜ？その戦略なのか」、「自分の立場に置き換えればどういうことなのか？」という２点を理解していません。そこで、「並みの部下」にも新しい戦略を実行するとはどういうことなのか説明できるはずがありません。

さらに困ったことは、「できる部下」が上司の指導を待つまでもなく、新しい戦略に合致した動きにチャレンジしたとします。もちろん、新しい動きですからすぐに成功するとは限りませんし、時には社内を混乱させたり、お客様に対してもクレームを引き起こす事態になるかもしれません。その場合、「並みの管理職」は、彼をどう評価するでしょうか？おそらく「あまりかき回さないでくれよ。仕事は皆でやるものだからチームワークを考えてくれ」などと「並みの言葉」をかけるでしょう。そして人事考課の時には、「まだ実績が上がらない」、「周りへの配慮が足りない」ということで、「並みの評価」どころか、「できない評価」になることもあるかもしれません。このような評価を下されては新しい戦略を実行するチャレンジ精神が出るわけがありません。余談ですが、このようなチャレンジ精神がない社員が多い会社ほど、社訓や経営理念、行動指針といったものに「チャレンジ！」だとか「革新」が掲げられているのは不思議なことです。

次に私の専門である人事・組織の領域のことをみてみましょう。素晴らしい人材像が定義され、そのような行動をとった人が評価されて昇進・昇格を果たすという制度が設計されます。また、業績目標とそれを実現するための施策が目標管理（MBOと呼ばれています）に反映されて、その結果は賞与などのインセンティブで報われます。昇進・昇格や望ましい行動・なしとげた成果によっては昇給も実施されるでしょう。このような精緻にできた人事制度も「優秀なコンサルタント」と経営者、人事部の方々で創られていきます。しかし、人事制度の対象者は「並みの社員」です。

「組織は戦略に従う」という有名な言葉を残したのはチャンドラーですが、その組織の成員はまさしく、２：６：２の法則で成り立っています。組織の形（新しい戦略に従って、○○部を創設）はすぐにできると思います。組織図でどこの配下に置こうか、誰をマネジャーにしようかといったマネジメント体制を考えるのも大変ですし、物理的な環境整備（場所・机・IT……）もコストがかかります。

しかし、一番難しいのは「並みの社員」の既存の仕事のやり方を変えるということです。先述のように現場は既存の仕事で頭がイッパイです。もしくはイッパイの振りをしています。それなのに、今度は新しい人事制度を運用しなくてはなりません。

その運用の最初は評価です。それにも大きくは２種類あって、一つは定義が決められていてそれに沿った能力をもっているか、さらに行動をしたかどうかを見るものです。人事用語でいえば能力評価やコンピテンシーなどといわれているものです。もう一つは、期首に目標を設定するものです。こんな数字を達成しよう、そのためにはこんな作戦でいこう。または、こんな仕事をなしとげよう、そのためにはこれを改善しようというように、その都度上司と部下が状況に応じて目標達成のための施策を検討し実行していくもので、目標管理（Management By Objectives & Self Contololl）と呼ばれています。ようするに管理職がまず携わる人事運用は評価で、①最初から定義されたものに対して行うものと、②期首に目標や施策を設定して期末に評価を行うものの２種類があるということです。

さて、ここでまた経営陣、人事部、コンサルタントと現場管理者とのギャップが出てきます。人を評価するということの難しさを考えてみてください。しかも、①の定義された行動であれば、評価する側の自分が「並みの管理職」なのに、そこに書かれた行動基準は素晴らしいものばかりが並んでいるはずです。そのこと自体は決してダメなことではなく、ライバル企業よりも優れた人材に育てなければならないのですから、高い理想像を掲げることは必要です。問題は６割の人は人事制度に関心を持っていないということなのです。

期末に評価する時に初めて、そのような行動をしたかどうか思い出すわけです。しかも、人事部から提出期限を指定されてあわただしいスケジュールで面談を行います。面談される方もそこで「こんな行動を求められていたの？」という状況は珍しくありません。

また、目標と施策を設定するようなもの（先ほどの目標管理）の場合は、もっとひどいことが起こります。まず、目標値を決める場合、部下からの申請や上司と相談して決めるなどでは、決して高い目標を掲げることはありません。数値ではなく定性的なものでもしかりです。高い理想を掲げて、その実現に向けてチャレンジするというのが本来の目標管理であろうと思いますが、人事評価をよくするためには、低い目標と高い達成率のほうを望むのは無理もないことでしょう。さらに期中にその立てた目標と施策を振り返って対策を打つのが重要なことですが、期末に初めて机の奥から引っ張りだして思い出すという状況でしょう。

両事例から明らかなように、「並みの社員」は人事制度に関心がない。また、高い理想を掲げてそれを実現しようという志がもてない。行動心理といったものを踏まえているはずの人事コンサルタントや経営者の方々も自分たちのモノサシで計っているのです。本来は６割の「並みの社員」のモノサシで計った人事制度の設計やその運用方法の工夫が必要なのではないでしょうか？

「高い志を掲げて、自分から高いレベルの行動を実践する」、「高い目標と実現のための施策を考えて実行し、修正していく」そんなレベルの方に向いている人事制度を設計して、ハイどうぞと渡されても運用する方はたまったものではありません。

⑷　研修・人事制度は大嫌いだった学校のメカニズム

次に、研修制度を見てみましょう。戦略を現場に落とし込む、人事制度の運用を適切に行うため、さまざまな研修が行われます。それも大きくは２種類あり、一つは戦略論やマネジメント論、会計論などを一般的に幅広く学ぶもので、社外の研修機関に参加させて学ばせることが多いでしょう。もう一つはもっと自社にあったテーマで行うもので、戦略を実行するための施策を具体的に立てさせたり、評価面談技法を何人かのロールプレイングを通じて行ったりするものです。

この研修制度も「並みの社員」にはフォーカスされていません。なぜなら、会社はハイパフォーマー向けでないと彼らから「モノ足りない！」という批判を受けるからです。例えば、評価面談技法では、技法ではなく相手の気持ちをほぐす言葉や具体的な事実を聞き出す質問力が重要です。「ハロー効果とはどういうものか？」というように理論はあまり役立ちませんが、研修としては沢山学んだ気になります。また、ものごとの真理は単純なことにあるにもかかわらず、複雑に考えたほうが研修としては充実感があります。

そうして、研修メニューはとても現場では使えないような高いレベルのものになってしまいます。この現場感のなさが、「並みの社員」の興味をなくさせる最大の要因です。学校の勉強も同じだと思いませんか？　例えば、高校の数学で微分・積分を習い、さっぱり分からなかった方は多いと思います。実は私も寝ていました。しかし、『微分・積分を知らずに経営を語るな』（PHP 新書　内山　力）に面白いことが載っています。それは、音楽を微分すると CD になるということです。アナログ音源を非常に細かく区切るとデジタル化することができ、その原理が CD だというものです。ここでは詳細な説明はできませんが、このようなアプローチを数学の先生がしてくれていたら、きっと私は眠らなかったであろうと思います。まずは関心を持たせることにつきるのです。

しかしながら、２割のできる人にフォーカスされた研修は６割の「並みの社員」には興味がもてません。彼らは現場感のないものを真剣に学ぶほど勉強好きではないのです。

会社が行っている研修って普通の人は大嫌いだった学校の勉強のメカニズムに似ています。公立の小中学校であれば、それこそさまざまな学力、勉強に対する興味の違いをもった生徒が集まっています。先生も落ちこぼれが出ないように努力をしてくれているでしょうが、できる２割の人に合わせて進めていかざるをえません。そうしないとできる２割の子供たちが他校の生徒に負けて、高校受験を勝ち抜くことができません。さらに高校に進学した後もこの傾向は拍車がかかります。例えば、偏差値の高い高校であれば、勉強好きの学力の高い生徒が集まってきたはずなのに、そこでまた、２：６：２の法則に従った区分ができてしまいます。今度は大学受験がかかっていますから、ますますできる２割向けに授業を進めていかなければ、全国の優秀私立高校相手に勝ち抜くことは難しいでしょう。先ほどのような微分に興味を持たせている暇はなく、理解できる人だけが、さらに難しい問題を解き、偏差値を上げていきます。もちろんこのような探究心は非常に尊いもので、社会人になってからも活かされるべきです。しかし、「並みの人」にはなかなか興味の持てるものではないでしょう。その結果、できる２割とそれ以外では勉強に対する興味が大きく開いた状態で卒業を迎えるわけです。

(5)　だから「並みの人」はやる気を起こさない

ここまで、企業の人材育成の実態を述べてきました。２：６：２の法則から組織の６割は「並みの人」にも関わらず、ほとんどの施策は「できる人」に向けて作られたものです。右肩上がりの成長を遂げている社会ではその２割の「できる人が」企業を引っ張っていけば、会社は大きくなります。

大きくなった企業の２割の社員がまた会社の成長を加速させます。したがって、これまでの日本経済では２割の「できる人」に向けた施策は正解だったのです。

しかしながら、今後は日本経済が成熟期を迎え、量の拡大は望むべくありません。２割の人だけが頑張っても残り８割の人に恩恵を与えることができるほど、高収益な事業というのはなかなか見い出せないでしょう。もちろん経営は個々の問題ですから、これからも急成長する企業は現れますし、そんな会社では２割がぐんぐん引っ張って、８割の人に物質的幸せ（会社が大きくなり給料が増えてよい暮らしができる）を与えることは可能でしょう。それでも、グローバルな競争を強いられる経済下では、そのようなおいしいビジネスモデルを保ち続けることは難しいと思います。早晩、ライバル企業が現れて、やはり「並みの」収益体制になっていくことでしょう。

頑張っても、さほど報われないと感じたとき、「できる人」はただ乗りしている「並みの社員」を引っ張っていくほど仕事に燃えることができるのでしょうか？ 「俺が稼いで、みんなを幸せにする。そのためには自分の趣味も家庭も顧みず」なんていう時代は、日本経済の成熟化という視点から考えても、期待できないと思うのです。

だからこそ、成熟化した社会では、「並みの社員」である６割が仕事に興味を持って進んでいくことが必要なのです。そこにスポットライトが当たっていないというのが、本章で述べたかったことです。その６割の「並みの社員」に向けた施策でないのに、彼らがモチベートされるわけがありません。今でも「できる２割」の人に引っ張ってもらいたいと思っているはずです。まずは、６割の「並みの社員」にスポットライトを当てることから人材開発を始めましょう！

⑹ 「並みの社員」の大半は学修することが嫌い

同じ何かを実行するにも関わらず、なぜ、差がついてしまうのか。それは学修に尽きます。あえて学習ではなく、学修としたのは、座学で勉強するという狭い意味だけではないという意図からです。学修というのは学んで身につけることです。それを土台にさらに違う新しいものを身につけていくという意図を含ませることができそうです。そこで、学習ではなく学修という表現を使っていきたいと思います。

さて、学修するには漫然とものごとを行うのではなく、大切なポイントが２つあります。まず一つ目は自分の強み（Storength）と弱み（Weakness）を知るということです。自分は何ができて何ができないのか、また、何に興味がわき、どんなことは耳に残らないのかなど、まずは己を知ることができなければ、どんな身につき方が最適なのかはわかりません。それを理解していなければ学修のムダが生じることでしょう。

二つ目のポイントは身につけるべき対象の仕事における効果をイメージするということです。よくビジネスの世界では簿記を学べと言われます。それは経理担当者に対してではなく、あらゆるビジネスマンに必須の力量です。しかし、そんな言葉で真剣に簿記を学びだすような人は「並みの社員」には多くいません。また、逆にハイパフォーマーであってもそれだけで学びだすのはどうかと思います。そんな素直さはもちろん必要ですが、やみくもに学習すればよいというものではないでしょう。この簿記というのは、取引きを借り方と貸し方という２つの側面で捉える画期的な考え方です。ものを売れば売掛金が増える。売掛金を回収できて始めて現金が増える。在庫が増えれば現金がなくなる。土地や建物を買うための負債を増やす。負債が増えれば返すためにもっと稼がなければならない。など、ありとあらゆる仕事は複式簿記で表すことができます。ですからビジネスマンは自分の仕事を複式簿記で考えれば会社の決算にどのようなインパクトを与えるかが見えてくるのです。そこに工夫や改善が生まれます。経営への関心を高めるためにも簿記取得は欠かせないのです。経営への簿記がなぜ必要なのかを自分の仕事に置き換えて考えれば身につけ方も違ってくるはずです。

「並みの社員」は、自分の強み・弱みを知るということと、学修対象を自分のビジネスに置き換えるという２点が弱いのです。だから、学修も学修のための学習も嫌いになってしまうのです。

⑺　学修しなければ「新しいこと」ができない

さて、学んで身に付ける（学修）しなければ、現状やっていることから脱皮はできません。それは鶏が先か卵が先かという議論にも発展しますが、私は、学修が先だと思います。

もちろん、「学修が必要だという認識」がもっと先だということでしょう。ビジネスはギャンブルではないのでまったく身についてもいない力が急に発揮されることはありません。

先述のサッカーでも同じことがいえるでしょう。「いつも試合では練習以上の力が発揮できる」という選手は少いと思います。それこそ、頭で分かっているような学習をしても効果は少なく、身体が覚えているレベルまで学修しなければ、優れたシュートを打つことはできないのです。しかも、そのシュートは、試合を何試合しても身に付くものではなく、練習の中で、連続して打ち続け、基本の“型”にすることが必要です。これは、武道で言う「守・破・離」と同じで、まずは“守”、基本というものがあるのです。

「学ぶ」ということの重要性をNHK教育TVで蜷川幸雄氏、養老孟司氏、瀬戸内寂聴氏といった３人の著名人が別々に語っていました。共通していたのは、「学ぶ＝変わること」だということです。これほどの功名を得ている方々が、まだ学ばなければならないと考え、変わっていくことが必要だといっていることに私は感銘を受けました。どうしても、われわれは同じ方法で同じことをやっていたほうが楽ですし、そうやって日々が過ぎていくことが多いでしょう。恐らく各世界で一流を維持し続けるためには、「飽きさせない」という工夫が必要なのでしょう。そこで、自分が身につけてきた技術や知識をいったん捨てて、ゼロベースで考え直す。ゼロベースだから「学ばなければ」何かを表現することはできない。そして、新しいことを学び、学んだことを使って表現するときには、これまでの膨大な経験と知識に塗りこめられていくのだという感じがします。よく、経験と知識の上に成り立つという表現を使いますが、上に乗っかるというよりは、中に塗りこめられて「新しいものになる」という感覚の方が当てはまっているように私は思います。

そこで、もう一度ビジネスシーンに置き換えてみると、新しいことを身につけ（守）がなければ、さまざまなシーンで応用を求められる実践では活きてこないということです。「守」の段階を身につけて、実践に飛び出し、思い切りチャレンジすることで、次の「破」の段階に到達するのでしょう。

「並みの社員」は学修することが苦手であるという話を先ほどしました。それは、自分の強み・弱みを知るということと、学修対象を自分のビジネスに置き換えるという２点が弱いからだということを述べました。

さて、大きな疑問が出てきます。「この２点はだれの仕事？」ということです。こんなことができたらきっと「並みの社員」では終わっていませんよね？　ここに本書の大きなテーマがあります。それこそが人材育成におけるマネジャーの仕事だということです。

まず、自分の強み・弱みを知るということから考えてみましょう。この強み・弱みは絶対的なものか相対的なものかということが重要なポイントだと思います。結論から言えばビジネスシーンでは相対的な優位性がなければ強みとはいえないということです。

経営戦略論で有名なバーニーのVRIO分析という考え方が人材の強み・弱みを見るうえでも参考になります。自社の経営資源を「価値があるものなのか、希少性はあるか、模倣困難なものか、組織として利用できるか」という視点で見つめ直すという考え方です。強みというのは相対的なものだということを先ほど述べましたが、もっといえば相手から診てということが重要です。お客様の視点ライバル企業の視点から考えられている経営戦略の考え方が人材育成についても大いに活用できるわけです。しかしながら、企業の人事関連の方、人材育成に関わっているコンサルタント、研修講師の中にはあまり戦略論を取り入れようとする方は少ないように見受けます。人材を扱うには戦略論的な考え方が有効ですが、その理由は戦略の基礎となる孫子の兵法の一つである「彼を知り己をしれば百戦危うからず」にも現れています。彼とはお客様であり、ライバル企業です。人材開発であれば、そこに上司という視点が入ります。お客様は当社の人材をどうみているか、ライバル企業よりもすぐれているとすればどこか、もの足りなさを感じているとすればどこで、何が要因なのか。

この考え方はお客様に日々接する営業職だけに限りませ

ん。お客様は営業マンが提案してくる商品やサービスの裏側には、企画・開発・生産など、さまざまな職種の人が関係しており、その人たちの力が結集されたものが商品やサービスであることを知っています。また、その人たちに力をつけさせるのが人事の仕事ですから、「あそこの企業は人材層が薄い」などといわれたらそれは即、その人の上司と人事への評価だということです。

さらに、己を知らなければ教育を受ける方は耳に入りません。自分は彼（お客様・ライバル企業・上司）から診て、どこが強くて、どこが弱いのか。それは先ほどの希少性・模倣困難性などを考慮しなければなりません。「自分のことは自分が一番よく知っている」とよくいいますが、人材開発に関して言えば、当てはまらないことが多いと思います。

私自身もそうですが、「自分のことを棚にあげて、他人を評価する」傾向にあります。また、そういう者がいないと企業は強くなりません。自分ができていないことは他人に言えないのであれば、自分以上の成果を他の人にあげてもらうことは難しくなります。ある意味、「上司は自分のことを棚にあげて人にものをいう」能力が必要だと思います。

この章では「学修しないと新しいことができない」という話を主にするはずでしたが、少し横道にそれて、戦略論を人材開発に活かすということを考えてみました。

⑻　新しいことをしないから、得意先・上司から飽きられる

「新しいこと」をしないとなぜいけないのか？ということを考えてみたいと思います。ここにある企業の業績の推移を載せました（**図17**）

売上総利益率に着目して話したいと思います。売上総利益率というのはお客様がいくらで商品やサービスを買ってもらえるかという単価が重要な決め手です。もし、同じ商品やサービスであれば前回買った単価より高く買ってくれるというのは指南の技です。それは、こちらが買う立場になればすぐ分かることです。企業は商品やサービスを購入して、新たな商品やサービスを生み出し、そこに付加価値を付けているわけですから、同じものを高く購入してしまえば、お客様にその分を転化して高く売らないと自社の収益が減ってしまいます。ですから、同じ商品やサービスでは単価を上げることはできません。少し前の異常な世界的な原材料高で、値上げもやむなしといった状況が訪れることはまれです。

それでも「同じもの」が長く愛され続けることはあります。今も昔も変わらない味が評価される食べ物、地方名産品の数々は、変わらないことがよいことです。しかし、本当に変わっていないのでしょうか？　実は老舗ブランドのイメージを演出するために、さまざまなチェンジが行われているのではないでしょうか？

図17　売上総利益率に着目する

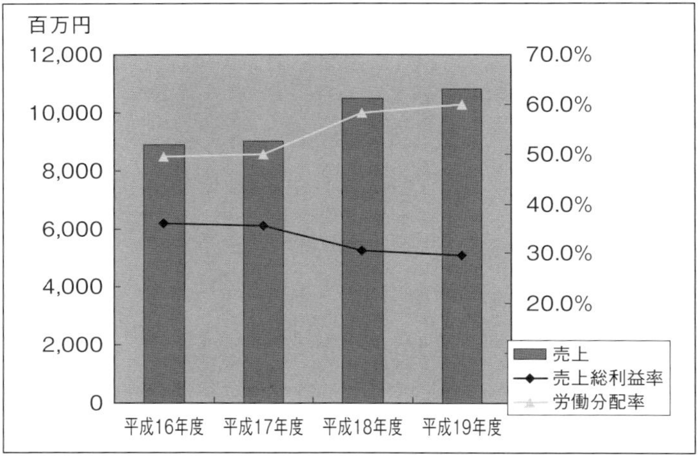

私は、福井県の出身で郷土の名産といえば、昔は「羽二重餅」という柔らかい食感が特徴の餅菓子でした。さらに「水ようかん」といって冷やして食べるようかんがどこの家庭でもありました。特にこの水ようかんは、夏ではなく冬に食べるところに特徴があります。福井県の観光情報サイトである「ふくいドットコム」に逸品を紹介したコーナーがあり、そこでこの商品は紹介されています。そこからの抜粋（材料は小豆あん、黒砂糖、ザラメ糖、寒天で添加物は一切使用しないのが昔から続く製法。材料は全部国内産を吟味して使用し、特に黒砂糖は沖縄から毎年直接予約して買い付けるというこだわりようだ。）私はこれを見て、日々、工夫や改善、

つまり「新しいこと」の積み重ねではないかと感じました。なぜなら、添加物を一切使用しない昔からの製法であれば「気候や温度の違い、材料である小豆や黒砂糖の出来栄え」など無限のコンディションの組み合わせがあり、それを意識して作業を行わなければ絶対に一定品質のものにはならないハズです。

このように普通の商品やサービスであればそのものが新しくなければ飽きられてしまうし、名産品などのように変わらないことがよいことであるものの多くは、このように生きた素材を使いこなすために「新しいこと」をやり続けているに違いないのです。

この「新しいこと」をしないと客単価に表れるといいましたが、問題なのはその客単価が上がらないというよりも、客単価が下がっていくということです。先ほどの名産品や微妙な調整を必要とする職人技が生み出すもの以外は、買う側にとってはいくつかの選択方法があるはずです。それは同じ商品やサービスが他社から調達できるということもあるでしょう。また、同じ商品やサービスでなくても代替品で可能な場合もあります。

ですから、「新しいこと」をしないと、得意先から飽きられるのです。この得意先から飽きられるという感覚は私のようにソリューションビジネスをやっていれば切実な問題です。ここではソリューションビジネスとは、得意先が企業の場合で、何かしらの経営課題解決にサービスを提供して代価を得るものを指しています。私のような経営コンサルティングだけでなく、弁護士や会計士、広告代理店やITベンダーなどさまざまな業種業態があろうかと思います。

どれにも共通しているのは、自分が商品であるということです。もちろん、提供するサービスには企業独自のノウハウや商品化されたもの（例えば、ITベンダーであれば、ソフトやハード）があると思います。そのものはそれを消費することが目的ではなく、それを使って何か経営課題を解決するわけですから、それが解決できなければ意味を持ちません。

その経営課題は、日々、目まぐるしく変化しているのです。ソリューションビジネス従事者はその変化に対応し、もしくは先回りし、クライアントへ提案を繰り出し続けなければ、次のビジネスにはつながらず、契約が終了ということになっていまいます。それは、やはり「飽きられた」という表現につながるのではないでしょうか？

少し、話はそれますが、「スィッチングコスト」という言葉を聞いたことがある読者もいるでしょう。これはマーケティングの世界で「お客様の囲い込み」が行われる際の考え方です。「お客様の囲い込み」という表現はいかにも売り手本位のイヤな感じがしますが、分かりやすいのであえてそのまま使います。ある取り引きにおいて従来から採用している企業を別の企業に変えようと思うと、これまでの経緯を理解しあったり機械を購入したりといった準備が必要です。さらにクレームが発生したり無駄な時間がかかったりといったさまざまな取り引の切り替え（スィッチング）に伴うコストが発生するという考え方です。

これは、だれが考えても分かりそうな話ですから、ソリューションビジネスにおいて切り替えられたということは、相当のメリットをライバル企業が提示したか、当方に不満があったということです。もちろん、クライアント側の都合（担当者変更、経費削減……）で、取り引きがなくなる場合もありますが。

ここで、「スィッチングコスト」のことを取り上げたのは、これだけ現在取引きを行っている企業が有利にも関わらず、切り替えられる理由に「飽きられる」ということがあるからです。飽きられる大きな要因は「新しいこと」をしないということです。この「新しいこと」には大小さまざまなものがあると思います。何も奇想天外なことをやるというのではありません。

例えば、私がコンサルティングにおいて「企業理念を現場まで行き渡らせる」という成果を求められたとします。これも飽きさせない工夫が必要です。「朝礼でその企業理念を毎日唱和させる」という愚直な行動がまずはスタートです。次にはその企業理念を実現したエピソードを小さなものでもよいから語らせるといったことを行うだけで、現場の意識はガラリと変わるでしょう。今度はそれを小さな文集にまとめてみるのもよいかもしれません。その次は、社員の家族や取引先に向けて情報発信するなんていう広がりもあるでしょう。このように、どんな小さなことにも「新しいこと」アイデアはいくらでも盛り込めます。それを提供し続けられるかどうかは、ソリューションビジネス提供者の優劣の分かれ目だと思います。

次に考えなければならないのは、このアイデアの源は「もって生まれたセンス」に起因することが多いか、ここでのテーマである学修による成果なのかということです。『発想の視点力』（日本実業出版社三谷宏治）に非常に興味深い記述があります。

「発想とは発見力。無から有を生み出す力ではなく、世の中の出来事から真実をそしてジャンプのある解決策を見つけること。」

部下に質問を投げかけたり、ディスカッションしたりして、発見力を引き出すことは可能です。

ブレインストーミングをしていて、結構盛り上がったつもりが、結論としては平凡なものになることがよくあります。また、参加者の中には声の大きい人がいて、いつの間にかその人の議論に引っ張られて、反対（違った方向という前向きな意味）意見をいい出せない人がいます。「並みの社員」であれば、なおさらそうでしょう。

発想にも時代のチェンジがあると思うのです。これまでの「並みの社員」が、これからの時代にあった発想力を持っているかもしれません。企業が成長しているときはオーナーや一部のハイパフォーマーのいうとおり行動していれば業績は伸びたことでしょう。これからは現場ごとの知恵が仕事の質を高める時代です。その知恵はもちろん現場ごとに違うのですが、さらに昨日までの常識が今日は非常識になるかもしれないということです。

例えば、お菓子の特売を例にとってみます。ロールケーキは、子供や主婦のおやつとして人気商品でスーパーのお菓子コーナーでは特売を行っています。生クリーム商品で250円を切るかどうかで売れ行きが変わるそうです。あのボリューム感や製造工程を考えるとよく250円で売れるなあと思います。しかしながら、この不況下で250円を切ってもなかなか売れなくなったと聞いたことがあります。もし、ロールケーキを製造しているメーカーの経営陣だとして、この昨日までと違う変化にどのように対応しますか？　ロールケーキ同士の戦いであれば「さらに値段を下げる」、「他社よりボリュームを出す」、「多少変わった味付けを施す」といった延命策が効を奏したことでしょう。

どのような戦術が効果的かをここで論じるつもりはありません。発想を変えて、ライバルは別のところにあると思わないと、これだけの家計消費の落ち込みに対応することはできないのではないでしょうか？　例えば、「子供のおやつは250円ではなく、100円というプライスラインで買い物をする」と主婦が考え出したとしたらどうでしょう？　ロールケーキでなくても「甘くて食べ応え」のあるものはいくらでもあります。ジャムやクリームなどの菓子パンなども選択肢に入るかもしれません。「生クリームを使って製造工程も複雑」という生産側の視点でものを考えていてもこれだけの消費者の変化には対応できないでしょう。その一方で、お金に余裕のある若い女性や贈答品としてのマーケットでは、1,500円もするロールケーキが売れているのです。

これまでの発想にこだわっていては対応できないことがこれからどんどん起きると思います。先ほどのように、相手に質問を投げかけたり、ディスカッションをリードしたりして、発見力を備えている人の力を引き出すことが必要なわけです。そしてこの力は「並みの社員」を指導していかなければならない管理職にますます求められていくのです。

そして、引き出しが必要です。もって生まれた発想力を補う力として引き出しを多く持つことは可能です。その引き出しを持つことが学修することなのです。

(9) 「並みの社員」が学修したくなる“しかけ”

先述のように学修に関しても、「並みの社員」を対象にするということを忘れてはいけません。ビジネスマン向けの書籍も、コンサルタントが行う教育研修も「できる人」が「できる社員」を対象としたものがほとんどです。興味がないものをどんなに学習しても学修にはなりません。２割のできる人にフォーカスされた内容は６割の「並みの社員」には興味がもてません。彼らは現場感のないものを真剣に学ぶほど勉強好きではないのです。

この、「現場感」に並みの社員が学修したくなるヒントがかくされていると思います。『木のいのち、木のこころ〈天・地・人〉』（新潮社　西岡常一、小川三夫、塩野米松）は宮大工という職人の世界が非常にうまく書かれています。西岡常一は法隆寺金堂、法輪寺三重塔、薬師寺金堂などの復興を成し遂げた宮大工の棟梁です。その法隆寺宮大工には代々口伝が伝わっていおり、その一つに「藤堂の木組みは寸法で組まず木の癖で組め」というものがあります。建物を組み上げるのに寸法は欠かせぬものだけど、それ以上に木の癖を組むことが大切だということです。寸法どおりに組み上げるのはだれでもできるがそれでは建物は長くは持たない。建築というのは自然の中で風雪に耐えなければならないので、木の癖組みを忘れた建築は建物としての力が弱く、すぐに癖が出てゆがみが生じてしまうのだそうです。木に癖があるからといって、その木をはじいて使わないというのはもっての他だといっています。

ここにも組織マネジメントの要諦が表現されています。いろんな社員がいる。2：6：2で「優秀な人」「普通の人」「できない人」がいる。さらには、その人たちの一人ひとりがさまざまな個性を持っていて、それを考えずに組織されたチームはもろいということです。目まぐるしくお客様の要求が変わり、ライバル企業が新商品・サービスを打ち出してきます。いつの間にか他業界からやってくる新手もいるでしょう。まさに大自然の環境変化に耐えるように、個人の癖をうまく活かして柔軟で力強いチームを形成しなければ経営はできないということです。

では、この「並みの社員」の個性を活かすということはどういうことなのか。ここで、普通は「得意なところを伸ばそう！」とか「褒めて自信をつけさせよう！」という話になりますが、私はそれだけでは全く不十分だと考えています。もちろん。得意なことで力を発揮させて、できたら褒めるということは必要ですが、それも2：6：2の法則でいうと、2割の場面には有効だということです。得意なことをするのだからできて当たり前なのに、それを褒められてばかりいたらどうでしょう。それ以上考えなくなります。これが大きな問題なのです。どんなにうまく行っても「もっとこうすればさらによかったのでは」と感じさせることが必要です。

私は、誰もが「イヤなこと」にならないようにしたいと行動すること。これを理解したマネジメントが有効ではないかと思います。もう一度、人事制度の根幹である等級制度のことを考えてみましょう。企業においては、一般社員で３〜５階層程度、管理職層で２〜３階層程度の階級を表すものが多いようです。その区分は年功や能力、技量や役割などさまざまなものがあり、それら組み合わされたものもあります。この階級が上がることを昇格、落ちることを降格と呼んでいますが、２割のハイパフォーマーは上を目指してどんどん頑張り、いつの頃からか同期に差をつけて昇格していき、役員を目指すということになります。等級が上がるということは、役職が上がるということとほとんど同じであり、課長→次長→部長というようにその仕事に対する責任も重くなるのが普通です。最近部下のマネジメントは向いていないが、その専門性を評価して等級を上げる（昇格）させることも多いようです。その場合は昇格と役職位が上がることが別に考えられているわけです。

さて、どちらにしてもなぜ昇格を目指すのか。これは、実利面・自己実現面・心理面の３つの方向から考えることができます。まず、実利面ですがこの等級は月例給と深く結びついています。一般社員層の階級において１級が一番下で５級が一番上だとします。１級であれば200,000円〜230,000円、２級であれば220,000円〜250,000円、５級であれば350,000円〜400,000円のように、大体の給与範囲が決まっています。その範囲の中は、人事考課によって、より細かなテーブルで分かれていたり、係数で上げ下げしたりなど、さまざまな方法で給与が決まるしくみになっています。実利面のもっとも大きな影響は、昇格しないと給与が上がらないということです。また、この月例給は賞与や退職金にも反映されることが多いので、生涯賃金に影響するといっても差支えがないと思います。

次に、自己実現面ですがそれは先ほどの役職と大きく関係しています。仕事をある程度覚えたら、より大きな仕事をしたい、新しい仕事にチャレンジしたい、業界で有名になるような何かを残したいなど、夢が広がります。そのチャンスは等級の高いもの（≒役職が高い、専門性が認められている）に多く与えられることは間違いないでしょう。

最後に心理面です。これは、もしかすると日本人に特に多いのではいかと思いますが、階級を気にするということです。先ほどの等級制度の例で、自分より上の等級のものと比較して、「俺の方が仕事ができるはずだ」とくやしがり、「同期と比較して俺は上の等級にいる、やはり会社が認めてくれている証拠だ」といって満足したりするのです。

ただし、昇格者には限りがあります。この３つの効果の裏返しでもあるのですが、皆が昇格して給与が上がってしまったら会社は人件費で経営が圧迫されてしまいます。また、皆が昇格して、より大きな仕事を行いたいといって部長にしてしまったら、現場最前線で働く社員がいなくなってしまいます。さらに、皆が簡単に昇格してしまっては、他人と比べてくやしがることも満足することもなくなってしまいます。

そこで、これまでの人事制度では、上位２割のできる人がどんどん昇格していたわけです。もちろん給与と連動しますのである程度まではあまり差がつかず全員昇格していくしくみがほとんどですが、それでもスピードには大きな違いがあります。その結果、２割のできる人だけが人事制度の根幹たる昇格制度に興味を持つということとなります。他の８割は、ある程度昇格するでしょうが、特に自分だけ早く昇格するわけではないので、興味が持てず、そのために頑張るという仕掛けにならないのです。この昇格への興味のなさが大きな問題なのです。「周りと比較して安心、どうせ皆と同じスピードだから」と思っている人には、現在の人事制度は効果がないのは明らかです。

第7章

さらに「並みの社員」活用術を探る

(1) ハイパフォーマー以外は順位（人事制度）を気にしていない

これまで述べてきたように、関心が低いことにはどんなに「笛吹けど踊らず」という状態になってしまいます。「上位2割の人しか報われない人事制度」に並みの人に関心を持てというほうが無理があります。どうせ、多少頑張っても真ん中の6割であることには変わりないわけですから。人事標語でいうとBです。

ここに大きな問題があります。人事標語ではBなのですが、このBの人たちの働きぶりは実にさまざまです。

〈並みの社員：甲〉例え業績が上がらなくても、会社のことを本当に思って働いてくれている人。顧客満足度をいつも胸におきながら、厳しい要求にも必死で食い下がっている社員。

〈並みの社員：乙〉目の前の仕事をいつもどおりこなすだけで、成長のないもの。振り返ってみると、ここ数年間まったく同じ仕事を同じやり方でやっていたという人は意外と多いものです。
〈並みの社員：丙〉言われたことすらやらずに、顧客からの評判を毎日落としているもの。顧客に接していなくても周りのものの仕事に支障を及ぼしたり、やる気をそぐ発言をしたりするものまでいます。

この三者は実は同じような処遇になっていることが多いのです。もちろん、サボリや顧客への不誠実な行いによるクレーム発生などというような誰の目にも明らかな低レベルであればＣやＤはつきますが、昇進昇格や賞与、昇給といったしくみで普通の業績の中にいる「さまざまな人たち」を区別するのは難しいでしょう。でも、〈並みの社員：甲〉は仕事のコツがつかめていないだけで、上司の指導いかんでは「ハイパフォーマー」に化ける可能性は高いでしょう。〈並みの社員：乙〉についても、適切な緊張感があれば変わったはずです。おそらく、この「並みの社員」の中の〈並みの社員：乙〉に火をつけることが最も難しいのかもしれません。

いずれにしても、少し視点を変えれば会社の業績に大きく貢献しそうな人、逆に顧客を失うきっかけをつくりそうな人がハイパフォーマーだけが報われる人事制度ではなかなかモチベーションを高めることが難しいことはお分かりいただけたと思います。

しかし、先述の私の経験のとおり、この層に刺激がなくなり、順位を気にしない状態が続けば、ズルスルとパフォーマンスが下がるものが現れます。それでも、「ダメ社員」まではいきませんから人事評価はＢのままです。

そうすると企業にとってものすごくこわいことがおきます。それは全体のレベル低下です。創造してみてください。２：６：２の６に相当する「並みの社員」たち。最初は〈並みの社員：甲〉も頑張ろうとしていました。〈並みの社員：乙〉だって仕事を回すうえでは活躍していたはずです。でも、刺激がない期間を漫然と過ごしているうちに、頑張らなくても評価が下がらない（Ｃまではつかない）。もう少し手を抜いてみようか。何だこれでも別に業務をこなすうえでは問題ない。勉強して新しいことにチャレンジなどしてしたら大変だから、おとなしくしていよう。というようにズルズル下方に落ちていくことがあります。しかも全体の６割という大集団でレベルが落ちていくのです。これは大変企業にとっては問題多き状態です。

⑵　でも遅れるのはイヤなはず

さて、ここで逆のモチベーションを考えてみたいと思います。何が逆かというと昇進・昇格、給与・賞与アップといった報われたいと思って頑張る、もしくは報われた結果、さらに頑張るという通常、人事制度がねらう働きと逆という意味です。

このままだと、「同期より昇進・昇格が遅れる。下手すると後輩からも抜かれるかもしれない」といった感覚を持ったことがあるビジネスマンは多いと思います。私が数多くの経営幹部やマネジャーと話してみると、その時に一番頑張った、もしくは仕事に対する執着心が芽生えたという方が多いようです。

私はそのような会社の人事制度は素晴らしいと思います。ここで、「同期より遅れたり後輩に抜かれたりするのは当たり前じゃないか」という意見があるかもしれません。人事の運用の問題はまさしくそこにあるのです。会社の貴重な人財を結果として、同期より遅らせたり、後輩が追い抜いていったりといったことを与えるのは簡単なことです。大切なのは、その前から「並みの社員」にそのような感覚をもってもらうことです。

入社以来、仲よくやってきた同期が自分より先に主任になる。そのためにマネジメント研修を受けたり、レポートを提出したり一生懸命だ。大変だ、ひょっとすると自分のチームに配属されて、上司になるかもしれない。これを手放しで喜べる人は少ないと思います。ましてや、その主任候補者が後輩であれば、なおさらです。

このような正式な候補者となってからでは遅いのです。おそらく短期的な逆転は難しいでしょう。その前から、「ひょっとすると俺は同期から遅れるかもしれない」、「ハイパフォーマーのあいつが出世するのは仕方ないが、俺だって皆と同じスピードでは上に行かなければカッコ悪くてしょうがない」と思ったときに、２：６：２の６の中で奮起するものが出てくるのです。

正式な候補者からこぼれる前に、この意識を芽生えさえることができるのは実はマネジャーしかいないのです。人事部から取り残されてからでは遅すぎます。マネジャーの最も重要で難しい仕事は、このような人たちにイエローカードを出すことです。それも人事部からのイエローカードを伝えるというような立場ではなくです。

(3) 今後は２：６：２の後ろの６と２の区別が必要

さて、問題はイエローカードの出し方です。このヒントを母親と子供の関係で見みてみたいと思います。母親が子供に「勉強しなさい」、「お手伝いしなさい」と何度注意し、大きな声を出すような状況でもほとんどの子供は動きません。

しかし、何もいわれなくても自分からやる子がいます。勉強もお手伝いもこのように自分の企みの中でやっているのです。企みをたくらみと読みます。たくらみというのは、えてして悪いことに使われることが多いようです。しかし、企画というと何か創造的な響きがあり、決して後ろ向きな表現ではありません。何事も面白くするには、企むことが必要なのです。

では、「普通の子」に企みをさせるにはどうしたらよいのか。親の企みとしてよくあるのは「勉強しなさい、終わったら TV ゲームしていいよ」、「お手伝いしなさい、おやつあげるから」といったご褒美作戦でしょう。ゴールは TV ゲームであり、おやつということになります。勉強やお手伝いはそこにたどり着くための手段ですから、その質やスピードは問わないことになります。こうやって、本来の成果（この場合、勉強やお手伝い）が手段になってしまうような親の企みでは、子供に勘違いをさせるだけです。

本来やるべきことをやるのは当たり前で、そのためにその目的とは関係ないご褒美を与えるより、本来やらなければならないことをしないと「嫌なこと」が待っているほうが効果があると思います。わが家では、勉強してもお手伝いをしてもご褒美はでません。やらないと母親との友好関係が築けないことをよく知っています。娘は母親のことが大好きで、彼女の一番「イヤなこと」は母親と不仲になることなのです。不仲になるならないは母親の気持ち次第で企みなのか本心なのかは謎ですが。

これは、抜群に効果があります。娘がお手伝いする理由もどの程度大変な母親をサポートしてあげたいと思っているかは不明です。「イヤなこと」が訪れる前に、企みます。「勉強はここまでやっておこう」。「洗濯物は TV を見ながら片付けてしまおう」。

最初は、シブシブやっていたお手伝いも最近は質・スピードともに上がってきました。それでもたまに、忘れると母親の「やったの？」というささやききが発せられます。ささやきで対応しないとその後どうなるか分かっている娘は自分の役割を遂行するのです。

叱られることは、さほど彼女にとってイヤなことではないのです。母親と不仲な状態になることが彼女にとってイヤなことなのです。そして、それが訪れる前に自分から企てるようになったのです。

話がそれてわが家の実情を語るようになってしまいました。ここで言いたかったことは、「普通の人」を動かすには、実はそうしないとイヤなことが起こる。そのイヤなことは叱られるというようなその場をやりすごせば何とかなるというようなことではないということです。

では、ビジネスの世界でこの話を考えて見ましょう。普通のビジネスマンにとってイヤなこととは何か？　「給料が上がらない？」、「上司から叱られる？」、「昇進・昇格が遅れる？」、「仕事が増える？」、「よい仕事が与えられない？」、「奥さんが不機嫌になる？」最後のはかなり効くと思います。

さて、冗談はさておき、本当にビジネスマンがイヤなことが一つあります。それは、後輩に抜かれることです。ですから、２：６：２の６を活性化するためには、同期との比較ではなく後輩に抜かれるかもしれないという感覚をもってもらえばよいのです。年代別の２：６：２ではなく、何年か後輩も入り混じった中での２：６：２を検討します。

大手企業のある年代以降であれば後輩から抜かれるのも当たり前かもしれません。私の経験では、中堅企業以下の方が社風の乱れや和を重んじて、なかなか後輩が先輩を追い越すような人事は行われていません。それでも、結局はこのような切磋琢磨によって、企業全体の活力が向上し、追い抜かれた先輩も次こそはと思って奮闘することができたなら、両者にとって幸せなはずです。

２：６：２の後ろの２割は後輩に追い抜かれる→年代を超えた２：６：２が形成される→真ん中の２割がどうせ真ん中に入れると思っていたぬるま湯から抜けざるをえなくなる（しかも後輩に抜かれる）。→イヤなことが起こる前に頑張る。といった好循環が期待できます。そうすれば、なかなか動かなかった「並の社員」がその能力を沈めてしまうことなく、もう一度発揮してくれることが期待できるでしょう。

ところが、これをやりすぎると失敗します。ある企業は毎年必ず各役職の下位の人とその下の役職の上位の人を入れ替えるという厳しい成果主義を取り入れていました。ビジネスマンにとって最も「イヤなこと」（下の者に抜かれる）をしくみとして行っていたのです。その効果は抜群でした。業績は右肩上がりで、業界でも大手の一角として君臨し、社員の仕事ぶりもライバル会社を凌ぐものでした。しかしながら、いつしか社員は成績のためにコンプライアンスに違反するようなことも行うようになり、とうとう顧客の信頼を失うこととなってしまったのです。悪い面に対しても効きすぎてしまった結果でした。

ここから私たちは何を学ばなければならないか。一つめの問題は「業績とは何か」ということです。この企業の業績は利益だけだったのかもしれません。コンプライアンスに徹することも、周りのメンバーを助けてあげることも、個人に求めらる業績であるはずです。よくいわれる成果主義が失敗だったという話も同じです。何を成果とするかを議論せず、ただ単に売上げや利益といった数字だけを個人に極端に求めすぎたことが失敗であったのです。

二つ目の問題は、敗者復活ができるような状況であったかということです。下位の入れ替えが行われてしまった人たちは、下の層でもともとその層にいた人と公正な仕事基準で評価されたのか疑問です。

最近はＪリーグ人気も安定し、日本のワールドカップ出場にも貢献しています。Ｊリーグがスタート時期の盛り上がりに比べて、著しく低迷したことがありました。そこで一時期、採用されたのがＪ１、Ｊ２という階級と入れ替えのしくみです。ここで特筆すべき点が２つあります。一つはＪ１で下位であってもすぐにＪ２に降格してしまうわけではなく、入れ替え戦で勝てばＪ１に残れるということです。そして、もう一つはＪ２に降格しても、すぐにＪ１に上がれる可能性があるということです。

特に入れ替え戦に勝てば降格しないというのは、入れ替え戦対象チームであるというイエローカードを出されて、必死に頑張れば残れるかもしれないという意味で人事でも参考にしたい考え方です。それは、下位チームにとっても「Ｊ２の中で成績がよかっただけではダメだよ」入れ替え戦に勝って初めて上でやっていける最低の資格なんだ」というメッセージです。人事用語で言えば、Ｊ２を卒業できた（Ｊ２で成績が良かった）ではなく、Ｊ１に入学できて（入れ替え戦に勝った）初めて上にいけるという入学方式ということになるでしょう。

(4)　次も成功しないと「カッコ悪い」＝師範代にさせてしまう

よく、「褒めて伸ばす」ということが話題になります。特に最近は脳科学ブームでその効果が証明されているようです。確かに、その効果は私自身も感じることですが、そこで満足してしまっては物足りない感じがします。時と場合によっては、慢心につながり、もうこれでよいと勘違いする場合もあるでしょう。

さらなる成長へ最も効果の高いしくみは、成功者を師範代にすることです。武道では師範代という制度があります。私自身は特に武道をしているわけではないのですが、師範代になった人の気持ちを考えると気が抜けないだろうなと思います。先生（道場主）であれば、生徒のほうが腕前が上がったとしても取って代わられることはないでしょう。そこには、資本の論理が働きます。先生（道場主）は、あくまでも資本家ですからその存在価値は、腕前とは別のところにあります。もちろん、生徒集めの段階で先生自身が強い武術家であることはプラスですが、絶対条件ではないと思います。

しかし、師範代というのは微妙な立場です。その存在価値は生徒に術を教えることにあります。生徒より強いことが理想です。そうでなければ、生徒がいうことを聞きません。長年、道場に貢献した功績で術が衰えたとしても、教え方という術が磨かれ、存在価値を放ち続けることもあるでしょう。その場合は、初心者や子供を教えるということになるのでしょう。

さて、なぜ、成功体験を勝ち取ることができた部下を師範代にさせるかという話に戻ります。人にモノを教えることで新たな気づきがあり、さらなる成長を遂げるというのはよく聞く話です。もちろんそのとおりです。実は「恥をかきたくない」という心理が一番成長を促すのではないでしょうか。

私はコンサルタントになる前に、初めて人に教えたのはある資格取得希望者に対する研修でした。筆記試験に合格後、その研修を終了すれば無事に資格が与えられるという流れです。自分はその資格を取得ずみですし、研修講師としての勉強もしたのだからと軽い気持ちでした。ところが、最初の講義である優秀な生徒からの質問があり、それに中途半端な答えをしたところ、他の生徒からも矛盾を指摘され、大変なことになりました。生まれて初めて、黙ってしまった瞬間でした。結局、その場は先輩講師に収めてもらいましたが、これまでの自信は崩壊しました。

その後、その研修を受ける立場でどこが分かりにくいのか、どうすれば全体像を理解しながら先へ進めるのかなど、真剣に考えて講義に望むようになりました。さらには、研修テキスト自体を改善するプロジェクトに参加し、膨大な量の改善に携わったことがありました。その時の体験がコンサルティングの場面でも生きています。必ず人にモノを伝える前に、「どこが理解が難しそうか、全体の中で今は何を説明しているのか」。

もし、その資格を取っただけで、教える立場にならなければ、今のコンサルティングの仕事はしていなかったかもしれません。「大勢の前で恥をかいた」恐怖ともいえる体験が必要だと思います。たまには、そんなこと全然気にせずという人もいるでしょうが、それはそれで別の道で大成するかもしれません。

「恥をかきたくない」これまた、後輩に抜かれたくないという先述のモチベーションと同じかもしれません。こうして、成功体験は人に教えるレベルまで高められるのです。

人に教えるレベルというのは並大抵のことではありません。これは書物を読んでみると分かります。例えば、経営戦略の本を読んでSWOT分析（外部環境と内部環境から方向性を見出す典型的な考え方）を理解したつもりでいます。その後、人に説明しようとしてもなかなか言葉が出てきません。皆さんも自分の知らないことを本で読んで人に説明してみてください。たぶん、最初はうまくいかないと思います。さらに、そのSWOT分析を使ってみると自分がいかに上っ面だけつかんで理解したつもりでいたかが分かります。それで、試行錯誤しながらやっと自分なりに使えるようになったとします。私の経験ではここまでくるのに、このSWOT分析を10回はやったと思います。それでも人に教えると先ほどの私が始めてやった研修講師のときのように大恥をかくことになるのです（実はその研修はSWOT分析を使う研修でした）。

師範代にさせるというのはさまざまな効果があるということです。一度師範代に立てばそう簡単に失敗はできないので、通常の業務でも研鑽がつまれるという仕掛けです。

(5) 人事制度は「マネジャーの味方」、人事部と話し合おう！

ここまで「並みの社員」にやる気を起こさせ、組織を底上げするということをずっと考えてきました。「並みの社員」

は、従来の人事制度には関心がない。どうせ飛びぬけて出世するわけでもなく、特別ボーナスをもらえるわけでもないですから。でも、この層が頑張ってくれれば、組織全体としては効果が大きい（実数が多い）。彼らは少し危機感を持てば変わる可能性が高い。そこにマネジャーのマネジメントのコツがある。というような話をしてきました。

しかし、マネジャーだけではどうしてもできないことがあります。それは、せっかく変身した「並みの社員」を会社に認めさせることです。

そこで、マネジャーは人事制度を使いこなさなければならないのです。よく、「仕事をやったご褒美は次のよい仕事だ」と言われます。私自身の成長過程を考えてもまさしくそのとおりです。新しい仕事にチャレンジさせてもらった、しっかり教育を受けることができたというのは、まさしく人生において重大なご褒美です。しかしながら、人事考課がCだったとしたら、そんな気持ちも長続きするでしょうか？　例え、昇給や賞与が少なくても、すぐに意欲がそがれることはないと思います。

会社に認められていない（承認されていない）ということはモチベーションに大きく影響します。かつてハーズバーグがいったように金銭は衛生要因（なければ不満だが解決しても大きな満足感にはつながらない）ですが、達成・承認は動機付け要因（満たされると満足感が上がる）です。承認させることは実はマネジャーしかできないのです。

仕事の成功要因を何とかなしとげた「並みの社員」を会社に承認させることが大切です。そのためにはそもそも会社がどういう人材を評価するのか、その評価は昇進・昇格で報いられるのか。それとも月例給で報いられるのか。賞与で支給されるのかを理解しておかなければ、承認させることはできないはずです。

そして、そのことを人事部とじっくり話し合わなければなりません。なぜなら、人事部はタコツボ化している可能性があるからです。これはある大手電機メーカーで長年人事を経験した友人の弁です。「人事部は専門性の高い部署だけに、一度人事部に所属されると長くなる可能性が高い。そのうち、自分はどんどん専門家のつもりになっていくし、周りからも近寄りがたい感じになる。そして、現場からどんどん乖離していく」。

まさに、日本の人事部によくある現象がこのタコツボ化で、私もコンサルティング現場でよく見かけます。しかし、彼らは実は人事政策のプロではありません。人事政策とは、経営の参謀として、会社がどこへ向かっているのか、その実現のためには各現場が何をチェンジしなければならないのか（もしくは現状に磨きをかけなければならないのか）を理解して、それをなしとげる人材を開発することです。現状の人事制度の細かいルールを知っていて、運用するだけではありません。

さまざまな書籍や人事系の雑誌が、「人事部は現場へ出よう！」と呼びかけています。「経営の参謀たれ、現場の支援者たれ」と鼓舞しています。しかし、実情は目の前の運用（給与支払い、社会保険手続き、福利厚生実務、採用・退職手続きなどなど）に追われ、ますますタコツボ化していくのです。

そこで、本書の大きなテーマである、マネジャーが人事部に働きかける必要が出てくるのです。タコツボ化した人事部に一生懸命成功体験を積んだ「並みの社員」を任せてよいのですか？　彼らは、これまでの人事制度ではあまり日の目を見てきませんでした。ところが、何とかしてくれるマネジャーの指導・育成の下、やっと自信がついてきた大切な部下です。「俺はよい評価をつけたけど、人事がなぁ～」というようなことではすまされません。

人事は、タコツボ化していて、現場ではどういう社員が評価されるべきか分かりません。何年もそのままになっている評価基準の人事考課表をつけるようにマネジャーに指示がされます。もっと人事部に働きかけて、評価基準の見直しに取り組むべきです。

評価基準というのは、最終標語をつけるためのものではないからです。「評価とは何のためにするのか」これは人事制度を考えるうえで、大切なテーマです。「評価とは上司と部下の会話である」これが私の答えです。

どんな業績をどれぐらい上げたらよいのか、そのためにはこのような施策を打ち出していこう。（例：売上総利益額を半年後に1,000万円上乗せしたい→業績評価）。通常の仕事として、こういう行動をしてもらいたい（コンピテンシー評価や技量評価）。また、積極的かつ強調的な姿勢でいて欲しい（姿勢評価）。さらには、ベースとなる企画力・交渉力・調整力などの能力開発も行ってもらいたい（能力評価）。など、日常、上司と部下が会話するであろうさまざまな場面が網羅されているのが評価体系です。

期末に振り返って、「Ａを付けた、Ｂを付けた」というものではないのです。日常会話を通して、指導育成していくものなのです。そうであれば、その会話の内容についてマネジャーが知らない・関心がないということではすまされないはずです。それどころか、積極的にその内容に関して、人事部に働きかけていかなければなりません。仮に自分の子供との会話を誰かに決められたとして、それが適切なもの（子供を躾ける）でなければ、断固として抗議するはずです。

ところが、「それはそれで置いておいて、実際は全然違う会話をする」という選択肢もあります。まさしく、これが現在の人事制度とマネジャーの関係を表している言葉だと思います。人事制度とマネジャーというよりむしろ、人事部とマネジャーといい換えたほうがよいかもしれません。そんな人事制度を一生懸命運用すればするほど、現場マネジャーは人事制度（人事部）が邪魔になります。そして、ますます人事制度（人事部）と疎遠になっていくのです。

「これからの人事部は現場をよく知らなければならない」ということが言われます。先ほども述べたように、コンサルタントも書物も雑誌も、それを取り上げています。それは、もちろん重要なことです。しかし、もうそんなことを待ってばかりいてよいのでしょうか？「並みの社員」が頑張って成功体験を積みました。でも、現在の評価基準では報われません。人事制度が悪いからあきらめてくれとはいえないはずです。「自分の子供」が納得のできない基準で評価され、進級できなければ黙ってはいないでしょう。

私からの提言はマネジャーが人事部へ近づいていくということです。その近づき方をずっと述べてきました。人事コンサルタントとして、100社以上の人事責任者と話し、現場マネジャーの苦悩を聞いてきた私ならではのコツを話してきたつもりです。

参考文献

『マネジメント』（ダイヤモンド社）P.F. ドラッカー著、野田一夫・村上恒夫訳

『南洲翁遺訓』角川ソフィア文庫）西郷隆盛著、猪飼　隆明訳

『成果主義の人事報酬戦略』（ダイヤモンド社）中村　壽伸

『競争優位の戦略』（ダイヤモンド社）マイケル・E・ポーター著、土岐　坤訳

『適正労働分配率の算定と運用』（中央経済社）窪田千貫

「ミドルパフォーマーをどう活性化させるか」『人事実務　1023号』　産労総合研究所　塗茂　克也

『現代の経営』（ダイヤモンド社）P.F. ドラッカー著、上田惇生訳

『場の論理とマネジメント』（東洋経済新報社）伊丹敬之

『バカな人事』（あさ出版）中村壽伸

『キャリアデザイン入門Ⅰ Ⅱ』（日経文庫）大久保幸夫

『企業参謀』（プレジデント社）大前研一

『失敗学のすすめ』（講談社）畑村洋太郎

『経営実務大百科』（ダイヤモンド社）

『職務給の実務』（経営書院）滝澤算織

『コンピテンシー活用の実際』（日経文庫）相原孝夫

『IT コーディネータケース研修テキスト』（特定非営利活動法人 ITCA）

『発想の視点力』（日本実業出版社）三谷宏治

『木のいのち、木のこころ〈天・地・人〉』（新潮社）西岡常一、小川三夫、塩野米松

『微分・積分を知らずに経営を語るな』（PHP 新書）内山　力

終わりに

マネージとは「何とか成し遂げる」ということ

Managementの動詞であるmanageには、「～を何とか成し遂げる」という意味があります。マネジャーには、管理などという机上で出来るようなことが求められているのではないのです。

人事制度を使いこなすというのは容易に出来ることではありません。人が人を評価するのは大変難しいことです。それでも「評価とは指導・育成である」という視点に立てば、「何とか成し遂げなければならない」マネジャーの重要なミッションであるはずです。

人事部と現場マネジャーが共働で「人材を活性化させ、業績を上げる」ためのキッカケに本書がなれば幸いです。

＜私の経験から＞

私は大学受験に失敗した後、4年間ものフリーター生活を経て就職しました。企業では営業の現場を駆けずり回ったり、物流や情報システムを構築したり、経営企画で経営参謀として奮闘したりと様々な業務を経験しました。

そして、中小企業診断士資格や実務経験等が大卒同程度の学力と認められ、マネジメント系大学院を修了しました。現在は人事・組織を専門領域とする経営コンサルティング会社でクライアントの業績向上に貢献しています。

本書は現場マネジャーが人事制度を使いこなして「並みの社員」を活性化させることをテーマにしています。３つのゴールデンバランス（①企業での幅広い現場経験、②マネジメント全般の知識、③人事・組織専門の深いコンサルティング実績）が自分の強みだと信じて、精一杯、執筆いたしました。それでも不足な点はあると思いますが、何か一つでも読者の皆様のヒントになるものがあれば、これに勝る喜びはありません。

＜深謝＞

本書ができるまでには、多くの方々の心温まる支援を頂きました。私に数多くのコンサルティング経験を積ませてくれました、日本経営システム研究所の中村社長をはじめ、役員・社員の仲間たち。私をパートナーとして見てくださるクライアント企業の皆様、これまで勤めた企業やその関係者の方々。

本書出版元の経営書院を紹介してくださった人事実務編集長の日野啓介さん。企画段階からキラリと光るアドバイスをしてくださった人事実務の吉田貴子さん。そして、初めての単行本執筆で要領を得ない私に、最後まで熱心にお力添えいただいた経営書院さん。

皆様に心から深く感謝申し上げます。これまで頂いたご支援に応えるためにも今後も独自の視点で人事・組織の活性化策を発信し続けたいと思います。

最後に、いつも私をサポートしてくれる家族と友人に感謝！

2010年９月　塗茂克也

塗茂克也（ぬしもかつや）

株式会社日本経営システム研究所　取締役上級研究員

1965年生まれ　福井県出身
福井県立藤島高等学校卒業、産業能率大学大学院修了（MBA）。
中小企業診断士。
企業の経営企画部門にて経営計画の策定から現場改革まで様々な業務を経験した後、現職。
大手から中堅・中小企業まで100社以上の経営課題の解決に人事・組織の活性化を通じて貢献。
３つのゴールデンバランス（①企業での幅広い実務経験、②マネジメント全般の知識、③人事・組織専門の深いコンサルティング実績）が強み。
コンサルティング指針
「変えなければならないのは何か！？」を現場でしっかり見極める。
それを人事・組織戦略で実現するとはどういうことなのかを深く考える。
神奈川県川崎市在住

IMS The Institute for Management Systems　THINK LIKE THE CEO !

株式会社日本経営システム研究所
（社団法人　全日本能率連盟加盟団体）

1980年の設立以来、「自分がこの会社の経営者だとしたら何をするか」と発想し行動している人事コンサルティング会社。ライバル企業を圧倒する会社とはどんな姿か。その実現を阻む原因は何か。最も有効な解決策は何か。今の組織で実現できるのか。人材の成長は十分か。

これまでの発想や経営の常識に真正面から挑戦し、お客様のさらなる業績向上と企業価値向上のために全力を尽くします。

〒104－0031　東京都中央区京橋２－８－５　京橋富士ビル
TEL：03－3563－3075　FAX：03－3563－3076
www.management-system.co.jp

管理職のための人事制度活用術

2010年10月22日　第１版　第１刷発行　　定価はカバーに表示してあります。

著　者　塗　茂　克　也

発行者　平　　盛　之

㈱産労総合研究所

発行所　出版部　経営書院

〒102-0093
東京都千代田区平河町２―４―７　清瀬会館
電話03(3237)1601　振替 00180-0-11361

落丁・乱丁はお取替えいたします　　印刷・製本　中和印刷株式会社

ISBN978-4-86326-080-1